크리스천 세계관 :
청소년 교육을 위하여

크리스천 세계관 :
청소년 교육을 위하여

Christian's world views for Youths

은혜와 비전 목사 한승돈 ❷

한국학술정보(주)

✾ 목 차 ✾

Dedication

선교 강국의 땅 미국에서 유학을 마치고 나의 사랑하는 조국에서 교회를 섬기며 학교 강단에서 가르칠 수 있도록 도와주신 모든 분들께 이 책을 바칩니다.

교육이란 무엇인가? 초등, 중등, 고등교육과 신학 교육을 마친 저에게 늘 가슴에 남는 단어 백년지대계(百年之大計)는 말 그대로 교육은 백년지기로 앞을 내다봐야 한다는 것입니다. 그러나 실상 교회 교육은 천년지대계(千年之大計) 그 이상일 것입니다. 이처럼 위대한 그리고 귀중한 신학 교육을 감당하고자 떠난 미국 10년 유학 생활의 배움은 진정한 교육의 가치를 일깨워 주었습니다. 저는 미국 교육을 접하면서 교육하는 자, 즉 가르치는 자와 배우는 자의 관계가 그 시대 사람들의 가치와 태도를 반영해 줌을 알게 되었습니다. 교육의 방향이 모든 사람들이 보다 나은 삶을 위한 바른 태도(attitude)와 가치관 (worldview) 위에 서 있다는 것입니다. 그런 면에서 교육은 매우 중요한 것이며 교육에 의하여 그 시대 가치 체계가 후손에게 전수되는 것임을 알게 되었습니다.

그렇다면 기독교 교육이란 무엇인가? 기독교 교육은 그리스도인의 가치관이며 이는 그리스도인이 가진 세계관(Christian World–view)입니다. 이는 하나님이 만든 세상을 어떻게 바라보아야 할 것이며?

무엇을 믿어야 할 것이며? 무엇이 옳고 그른가?에 대하여 기독교 교육을 연구하는 자들은 확고한 신앙적 신념과 가치관을 정립해야 합니다.

본 교재의 가치를 알고 출판해 주신 한국학술정보(주)와 영적인 멘토로 이끌어 주신 제자교회 유충국 목사님과 사역자들, 또한 사랑의 수고를 베풀어 주신 한정수 목사님과 늘 조언과 기도로 도와주시는 김행선 목사님께 감사를 드리며, 책 표지와 프로필 사진을 작성해 주신 매형 장재일 집사와, 기도로 도와주시는 형님과 형수(김정애 집사), 나의 사랑하는 은혜와 비전교회 드림팀께 감사를 드리며 특별히 권면과 조언으로 이끌어주신 김원모(화성장로교회) 목사님과 장경준(한우리감리교회) 목사님께 감사를 드립니다.

끝으로 이 책이 나오는 기쁨을 지금까지 길러 주신 아버님과 평생 목양에 전념하신 장인 박영찬 목사님과 장모님 그리고 나의 사랑하는 세 자녀들(영원, 영광, 영은)과 기도로 돕는 아내 박한나 사모와 나누고 싶습니다.

특별히 한 알의 밀알 되신
故 양복순(집사) 어머님께 이 책을 드립니다.

2008년 1월 11일
주님의 종 한승돈 목사

Introduction

크리스천 세계관: 청소년 교육을 위하여

교회 청소년을 가르치는 교사 또는 기독교 교육학을 전공하는 사역자들을 위한 지침서

본 교재에서는 기독교란 무엇인가, 기독교의 핵심과 기독교 교육은 무엇을 가르치는가, 왜 그리스도인들은 기독교 교육을 위하여 지적 개발을 하여야 하는가, 기독교 교육을 연구하는 자들의 세계관은 무엇인가, 기독교 교육은 어느 정도 성경에 근거하고 있는가, 성경에 근거한 구약, 신약, 사도시대의 교육과 현대의 교육은 어떤 차이가 있는가에 이어 마지막으로 21세기 기독교 교육을 연구하는 한국 교회의 지상 과제는 무엇인가에 대하여 논의할 것이다.

지루하지 않은 강의를 위하여 최근의 인터넷, 책, 학회지 또는 신문 등의 이슈를 참고 자료하였으며 특강 자료를 함께 생각하며 나누기 위하여 '생각하기 Think it' 시간을 갖도록 독려하였다. 참고로 "한국 교육의 문제점, 한국 학교에서의 폭력, 청소년의 인터넷 중독, 기독교 윤리"에 대하여 언급하였다. 기독교 윤리에서는 성경에서의 죽음이란, 동성애, 성전환에 대한 기독교 교육은 어떻게 말하는가 등을 다루었다.

특히 N세대들의 특징을 알기 위하여 청소년(N세대)의 육적, 영적, 심적, 지적 특성을 다루었으며 마지막으로 한국 교회 교육에 대한 정립이 필요하기에 한국 교회 역사를 순교의 피와 열매의 측면에서 비춰 보았으며 한국 순교 역사와 한국 선교를 다루었다.

제1강 기독교, 종교, 그리고 교육

1. 종교(Religion)

종교는 어떤 인간의 활동과 사상과 분리될 수 없다. 왜냐하면 종교는 인간의 정신문화 양식의 하나로 인간의 여러 가지 문제 중에서도 가장 기본적인 것에 관하여 말하기 때문이다. 종교는 인간의 경험을 초월한 존재나 원리와 연결 지어 의미를 부여하고 또 그 힘을 빌려 통상의 방법으로는 해결이 불가능한 인간의 불안, 근심, 걱정, 병과 죽음의 문제, 심각한 고민 등을 해결하려는 것이기에 종교는 보이지 않는 신과 인간 사이의 존재이다.

종교에 관하여 정립한 학자로는 프로이드(Freud)와 분석 학자인 융(Jung)이 있다

프로이드[Sigmund Freud, 1856.5.6~1939.9.23]는 종교에 대하여 부정적이고 회의적인 태도를 보였다. 그의 책 『종교의 기원』에는 프로이드가 종교에 대해 정신분석적으로 접근한 논문 4편이 실려 있다. 첫 번째로 실린 「인간 모세와 유일신교」(1939)는 구약성서와 유대 전설을 논거로, 모세가 이집트인이었고 모세가 히브리인에게 전한 유일신교는 이집트의 종교였다는 놀라운 주장이 담긴 논문이며, 이 논문은 프로이드가 죽기 얼마 전에 쓴 가장 후기 논문으로 개념이 거의 정립된 정신분석의 시각에서 여러 논란을 불러일으킬 수 있는 종교 문제를 분석한 역작이다. 유대인이라는 정체성과 고정관념

과는 달리 프로이드는 유대교의 성립 과정을 정신분석학적 입장에서
고찰하고, 유대인에 의한 모세 살해 및 그리스도의 고난을 토테미즘
시대의 살부(殺父) 모티프와 동일시한다. 그는 구약성서와 신약성서
의 분석을 통하여 심리적으로 억압되어 왔던 태곳적의 진실이 종교
를 통하여 어떻게 드러나는가를 해명했다.

프로이드의 두 번째로 실린 「강박 행동과 종교 행위」(1907)에서
프로이드는 신경증 환자의 강박적인 행동과, 종교에 대한 종교인들
의 과민한 집착이 유사한 데 충격을 받았다고 고백한다. 이 짧은 논
문을 통해 그는 신경증 환자의 강박적인 행동과 종교에 대한 종교인
의 집착이 유사한 데 주목, 신경증을 개인적인 종교성(宗敎性)에 대
한 강박적인 집착, 종교를 보편적인 신경증에 대한 강박적인 집착으
로 파악해 낸다. 프로이드의 견해는 〈꿈은 개인의 신화이며 신화는
모듬살이의 꿈〉이라고 한 신화학자 조셉 켐벨(Joseph Campbell)의
주장을 상기시킨다. 다시 말하여 프로이드는 조셉 켐벨이 주장하는
종교는 다름 아닌 사회, 정치, 경제, 종교, 인간, 환경, 결혼, 사랑, 범
죄 등 현대 인간사의 거의 모든 문제를 신화의 테두리 안에서 다루
어도 무방하다는 견해를 반영하는 것이다. 이처럼 프로이드는 미성
숙한 미개발된 사람들이야 종교에 의존하는 비이성적인 모습으로 자
기의 문제를 종교라는 행위로 해결하려 든다고 지적했다.

종교성과 편견에 관한 책은 Gordon Allport의 책을 참고하기 바란다.
Allport, G. W. (1955). Becoming; basic considerations for a psycho-
logy of personality. New York: University Press.
Allport, G. W. (1950). The individual and his religion, a psycho-
logical interpretation. New York: Macmillan.

Allport, G. W. (1950). The nature of personality : selected papers. Cambridge, Mass. : Addison – Wesley Press.

Allport, G. W. (1955). The nature of prejudice. Ambridge, Mass. : Addison – Wesley Pub. Co.

이처럼 모든 종교의 보편성은 신(창조주)과 피조물(창조물) 사이의 양극화(신인 양극 Bi-polars)에서 상호 계약 관계(Testament), 신에 대한 순종과 불순종, 순종을 통한 축복(God-Centered Blessing)과 불순종에 따른 처벌(Human beings-centered punishment)로 이루어져 있다. 어느 시대이건 인간의 삶과 종교성은 동전의 양면과 같은 것이다.

2. 종교적 의미에서의 교육(Education)

종교 교육의 목적은:

① 종교의 참다운 모습과 의미를 규명하는 데 있다. 우리나라에서도 강화의 '마니산'을 통하여 우리 민족의 역사적 배경과 기원 그리고 의의를 알 수 있다.

마니산의 참성단은 우리 민족의 종교 정신을 찾아볼 수 있다. 강화의 마니산의 "산정에는 단군왕검이 하늘에 제사를 지내기 위해 마련했다는 참성단(塹城壇:사적 136)이 있는데, 이곳에서는 지금도 개천절이면 제례를 올리고, 전국체육대회의 성화(聖火)가 채화된다." 따라서 종교 교육은 역사와 문화 및 사회 속에 있는 여러 종교의 신앙과 형태, 조직과 기능, 신화·제의·상징 및 종교적 세계관 등을 연구 대상으로 삼는다.

② 종교 교육은 특정종교의 신앙을 변호하는 입장이 아니라 종교에 대한 규범적인 모든 판단을 중지하고 인간의 본질 속에 내재하는

종교성과 그것이 표현되는 사실들을 서술하고 분석하며 해석하는 인간학의 한 분야이다. 따라서 종교 교육은 종교라는 사실을 객관적으로 연구하는 학문이다. 종교 교육은 서로 다른 가치관을 가진 사람들끼리 서로를 보다 잘 이해하고자 시작된 학문이다. 종교는 의례의식과 행위를 수반한다. 즉 찬양, 기도 시, 회화, 조각, 정치, 경제, 윤리 및 제도에서 그 흔적을 찾아볼 수 있다.

③ 종교 교육의 우선 초점은 "인간과 인간의 생활 방식과 삶"이다. 종교 교육은 인간이 행위를 통하여 스스로 진리를 깨달음에 초점을 두며 스스로 진리임을 고백한다. 예를 들면, 불교의 4성제와 팔정도, 이슬람의 라마단, 힌두교의 리그베다와 베다성전, 유대인의 쉬나고그(회당)와 선민사상 등 종교 교육에 대한 이해 부족은 결국 분쟁과 투쟁의 결과를 가져올 수 있다. 예를 들어, 망명 중인 달라이 라마로 인해 널리 알려진 티베트와 중국 간의 분쟁, 중동의 이스라엘과 팔레스타인의 분쟁, 동유럽의 코소보 사태 등 여러 나라에서 종교적인 문제와 민족문화의 차이로 인해 많은 갈등을 겪고 있다. 이러한 갈등을 근본적으로 이해하고 해결하고자 하는 노력은 종교 교육의 중요성을 인식시켜 주는 측면에서 매우 중요한 것이다.

3. 기독교(Christian)란?

기독교의 세계관은 하나님께서 이 세계를 창조하셨다는 사실을 받아들임에 의해서 시작된다(God is the Creator). 즉 기독교의 시작은 하나님께서 말씀으로 세상을 창조하셨음을 선포함이 근원이다. 그러므로 창조 사실은 기독교 세계관의 근본적 기초이다. 하나님은 무에서부터 만물을 만드셨다. 이 말은 하나님의 전지전능성을 나타낸다. 창조란 혼돈의 세계에서 어떤 질서가 태동하는 것을 말한다. 그러나

기독교의 가장 본질적 선포란 보이지 아니하시는 하나님이 인간의 모
습으로 이 땅에 오신 '성육신'(Incarnation) 됨이다. 궁극적으로 기독
교는 예수가 그리스도가 되셨다는 선포(Jesus became Christ)이다.
그러므로 예수 그리스도를 믿는 자들 안에는 그리스도의 영이 함께하
시며 믿지 않는 자들에 의한 호칭으로 '그리스도인'이라 불려지게 된
것이다. "비로소 그리스도인이라 일컬음을 받게 되었더라"(행 11:26)
"The disciples were called Christians first at Antioch"(Acts 11:26)

기독교인 'Christian'이라는 단어는 명사로써 그 자체가 '그리스도
인'이 되는 것이지 형사적인 용법으로 '~~다운', 그리스도인적인 기
법은 옳지 않다. 결국 '나는 그리스도이다!'라는 명제가 옳은 것이다.
영어의 tian이 붙어서 사람을 지칭하는 어원으로 볼 때 Christian은,
즉 (in Christ) 그리스도가 안에 머무는 사람을 말하는 것이다.

이 시점에서 그리스도인들은 웨스트민스터 소교리 문답(Westmin-
ster Shorter Catechism)의 질문, "우리는 어떻게 그리스도께서 구속
하신 구속에 참여자가 되는가?"에 기독교인(Christian)은 다음과 같이
대답한다. "우리가 그리스도께서 구속하신 구속에 참여하는 길은 성
령께서 그 구속을 우리에게 유효하게 적용하는 것이다.(29번 질문)"

그리스도인은 믿음 안에서 예수 그리스도가 2천 년 전에 이 땅에
오셨을 때 십자가에 피 흘려 죽으심으로 죄인 된 우리를 위한 구속
은 단번에 (일회적) 완전하게 (완전성) 모두 이루셨음을 고백한다.

4. 기독교 교육(Christian Education)이란?

기독교와 교육이라는 두 단어가 만나서 이루어지는 것이다. 구체
적으로 말하면 한 개인이 하나님의 만나주심으로 그리스도에 대하여
배우는 것이나, 인간의 지식에 의존하여 스스로 배우는 것이 아니라

성령의 도움으로 예수는 구원자, 하나님의 아들임을 교육의 경험을 통해 고백하며 장성해 나가는 것이며 결국 예수님께 전적으로 자기의 삶을 맡기는 것을 배우는 것이다. 결론적으로 기독교 교육은 그리스도의 복음을 가르치는 교육이다. 이 복음의 기본적인 장(場)은 교회이다.

5. 일반적인 의미에서의 교육의(Education) 뜻:
일반적으로 교육이란(general education)?

어원적 의미, '훈육하다 기르다' 뜻으로 사람이 문화적인 활동으로써 사람이 사람답게 살 수 있도록 채워주는 과정으로 사상의 개발, 인간의 자질개발, 각 개인의 독창성과 독자적 생활 방식을 수립하는 것이다.

교육(education)이라는 단어를 분석해보면 다음과 같다:

Education e와 ducare의 합성어이다

e는 out의 의미 '밖으로'

ducare는 lead up or bring up이라는 뜻으로

'이끌어 내다'를 의미한다.

즉 밖으로 이끌어 내는 것 '기르다 훈육하다, 육성하다'

(기독교 교육학 개론 이종식 저 p.13-18)

영어 teach는 앵글로 색슨어인 taecean에서 보여주는 것으로 '할 바를 보여주다'에서 유래되었다. 즉 '가르친다는 것은 배우는 것을 도와주는 것'이다.

6. 교육의 목표(Purpose of Education)

기독교 교육학과는 기독교 교육 지도자들을 배출한다. 그러므로 한국 내의 기독교 교육학과 교육 목표를 살펴봄으로서 기독교 교육 리더들의 학습목표를 알 수 있다.

교육 목표

① 본교가 지향하는 성경적 세계관을 기초로 하는 인성교육 강화

② 기독교 교육과 타학문과의 관계성을 확립하여 21세기 정보화 사회를 이끌어갈 기독교 교육지도자 양성

③ 학교와 사회에 기여하는 성경교사 교목 그리고 기독교 교육 지도자로서의 사명감 함양

④ 이론과 실천을 통합적으로 연구하여 교회, 학교, 사회, 국가의 현장에서 봉사할 수 있는 지도자 교육

(총신대학교 기독교 교육학과)

기독교 교육과는 사랑과 섬김의 기독교 정신을 바탕으로 기독교 교육에 관한 전문적인 이론과 실천을 과학적으로 탐구하여 인격적, 창의적, 실천적인 교육전문가 및 교육목회자를 양성함을 목표로 한다.

① 개혁주의 신학에 입각한 기독교 교육자로서의 사명을 실천하는 그리스도인 교사를 양성한다.

② 기독교 교육의 이론을 학문적이며 전문적으로 탐구할 수 있는 능력을 배양한다.

③ 기독교 교육 이론을 교육 현장에 적용할 수 있는 창의적인 응용력을 배양한다.

④ 지역사회 및 세계의 복음화와 교육사역에 기여할 수 있는 인재

를 기른다.

(안양대학교 기독교 교육학과)

7. 기독교 교육 역사학자들의 교육의 정의
(The Historical Definition of Education)

코메니우스(John A Comenius 1592-1670) "하나님과 자연의 밀접한 관계를 인정하며 교육의 궁극적 목적은 인간의 마음을 하나님에게 봉사할 수 있는 인격을 만드는 것"

죤듀이(John Dewey 1859-1952) "교육이란 경험의 끊임없는 재구성으로 이해되어야 한다." 전인(全人) 교육을 의미한다.

8. 저자의 기독교 교육이란?

기독교 교육이란?

① 기독교 교육은 성경을 주 교제로 가르치는 교육이다.

② 기독교 교육의 주된 장(場)은 교회이다.

③ 기독교 교육의 주제는 예수 그리스도여야 한다.

9. 기독교 교육 과정(Curriculum)

라틴어 동사 쿠레레(Currere) '뛴다'는 뜻이다. 말이 달리고 사람이 달리는 경주 코스(Course), 즉 달리는 코스(Race Course)라는 뜻이다.

교과 과정은 다음의 다섯 가지 기본 원칙이 있다.

목 차(Lists)	내 용
1. 교육 목표 Goals	학습자에게 무엇을 가르칠 것인가? 학습자에게 가르치는 이유는 무엇인가?
2. 교육 정보 Information	학습자는 누구인가(연령, 성별, 학습 배경)? 학습자를 어떻게 가르칠 것인가?
3. 교육 지원 Supports	학습자를 어떻게 준비시킬 것인가? 학습자를 위하여 필요한 준비는 무엇인가?
4. 교육 평가 Evaluating	학습자를 위한 진술된 목표가 부합되었는가? 학습자에게 교수-학습 기회가 균등히 제공되었는가?
5. 교육 계획 Plans	학습자를 위한 개선, 개발 계획 수립하기 학습자를 위한 지속적인 지원 구조는 무엇인가?

기독교 교육의 분할된 교육 과정 이론(Christian Education: a System Approach of curriculum)

① 말씀의 이해(Understanding the Words)

성서의 내용을 알고 이해하는 것이 목표이다.

② 말씀의 해석(Interpreting the Words)

성서의 원뜻을 제대로 알고 읽는 자에게 해석시켜 주는 것이 목표이다.

③ 말씀의 적용화(Applying the Words)

성서의 내용을 알고 이해하고 해석함을 삶 속에 적용시키는 것이다.

④ 말씀의 생활화(Living the Words)

성서의 내용을 알고 이해하고 해석하여 삶 속에서 참여하게 하는 것이다.

⑤ 말씀의 행동화(Doing the Words)

성서의 내용을 알고 이해하고 해석하여 삶 속에서 선교적 사명을 수행할 수 있게 하는 것이다.

주체.........................하나님

교과서......................성경

주제.........................구원 "천국"

3대 요소..................천국 선포, 가르침, 치유

대상.........................인간(믿는 자)

교사.........................성령

교육 과정..................구원의 차서(소명, 거듭남, 양자, 성화, 인내)

교육의 장..................가정 교회, 학교 그리고 사회

10. 기독교 교육학과의 특성
(Characteristics of Christian Education)

① 기독교 교육은 철저히 성경에 기초하여 성경이 가르쳐주는 인간 이해와 인간상으로부터 출발한다.

② 기독교 교육은 언제나 이미 죄인인 인간을 주님의 훈련과 훈계 안에서(엡 4:6) 회개시켜, 구원받은 인간에로, 하나님의 형상에로, 영화롭게 된 인간에게 양육하는 일이다.

③ 기독교 교육은 크게 2가지를 중심으로 한다

계시적 지식과 실증적(귀납적) 지식(Revelation and Curriculum)

④ a. 계시적 교육

조직신학	역사신학	주경신학	실천신학	선교신학	영성신학	기독교 교육

b. 실증적 지식

어린이 교육	청소년 교육	어른 교육	교육을 위한 조직	교육 과정

11. 종교 교육의 의의와 철학적 배경

미국의 교육학자 버른(Byrne) 박사의 철학적으로 공식화된 교육의 목적에 대한 비교 연구를 소개한다.

철 학	궁극적 목적	직각적 목적
인본주의 (humanism)	AHA(American Humanist Association) 미국 인본주의 협회의 대표적인 학자는 존듀이(John Dewey), 행동주의 심리학자의 창시자 스키너(B. F Skinner), 철학자 랜달, DNA 구조를 밝혀 노벨상을 수상한 크릭 같은 사람들이 속한다.	자유교육을 통해 자기의 실현 AHA, 그들은 1976년 선언 1.2를 발표했다. 1. 휴머니즘은 인간의 권리와 진보에 대하여 진화론적 해석을 지닌다. 2. 휴머니즘은 과학적 방법만이 진리를 결정하는 유일한 방법이라고 믿는다.
현실주의 (realism)	하나님과 더불어 영원히 같이할 행복은 현실에서 실제적인 생활을 통해 성취.	고전적 자유교육을 통해서 사회적 문화와 적응시킨다. 그러나 자연의 법을 따라 일치시킴.
기독교 (Christianity)	a. 구원이 궁극적인 목적. b. 인격을 그리스도화하는 것과 하나님과 상호 교제하는 것. c. 사회적 – 교회를 통하여 다음에 잇는 속성에 따라 하나님의 나라를 이룩되게 하는 결론을 얻는 것. 　a) 형제적인 완전한 사랑. 　b) 희생적인 봉사. 　c) 선량한 시민. 　d) 크리스천의 문화. d. 신체적 – 땅에서 제사장적인 완전성을 회복 예수 그리스도를 통한 거듭남 renewal, 즉 거듭남 born again은 곧 죄로부터의 회복 reconciliation 이며 구원(salvation)의 완전성과 구속(redemption)의 단회성, 성도의 영화(glorification)의 세계관이 있다.	a. 보편적 – 하나님을 계시하는 것. b. 인격적 – 구속과 성화를 통하여 하나님을 나타나게 하여 사람들에게 가질 자질을 갖추게 하는 것. c. 학생들이 직접 자기의 활동을 지시하며 자주 시켜줌으로써 인간수준에서 인격적 교제를 가장 가능하게 만들게끔 자발적으로 힘쓰게 함. d. 그러나 생애의 전폭에 걸쳐 그리스도 인격화되게 인도. e. 사회적 – 개인적으로 추적하고 있는 가장 높은 발전이 사회적으로 봉사할 수 있게 하는 것. f. 예언자적 – 예수 그리스도의 재림과 우리가 부활하는 참 삶의 희망에 대한 것 등이다.

철 학	궁극적 목적	직각적 목적
형식주의 교육 (formal discipline)	견인의 발달-로크(Locke) 자연 과학, 반스콜라주의, (인간 오성론) 물적 실체의 존재 인정 인간오성론: 오성은 관념(ideas)에서 오는 것이며 관념은 경험에서 오는 것이다. 관념에는 단순(simple)과 복잡 관념(complex ideas)이 있다.	덕, 지혜, 범절, 학습 등 연습을 통하여 정신 및 성격을 발달.
이성주의	모든 탄압과 전통으로부터 지성적인 자유.	신적이고 인간적인 모든 것이 이성에 의하여 요리됨.
자연주의 (naturalism)	生에 대한 준비와 환경에 대한 적응이다. 전자는 주관적이고 후자는 객관적이다.	모든 지식은 과학을 통해서 오고 또한 과학적인 방법에 의하여 요리된다.
발달주의 (development -alism)	학습의 법칙을 통해서 어린이들이 심리적 발달을 한다. 홀(Hall)이나 페스탈로치(Pestalozzi), 프뢰벨(Froebel) 그리고 헐버트(Herbert)에 의하여 주장.	a. 자연연구를 통해서 어린이 발달을 지도하고 조정한다. 또한 모든 어린이들의 능력을 발달시키는 데 조화시킴. b. 어린이의 독창적인 자기의 실현과 자기활동을 자극시킨다.
과학적인 결정주의 (scientific determinism)	a. 과학의 법칙에 맞도록 인간과 사회를 옮기도록 할 것. b. 교육의 과학을 발달시키도록 할 것. c. 과학적인 방법을 통하여 교육적인 문제를 해결.	a. 장래의 과학자들을 준비시킬 것. b. 과학적 방법에 의한 훈련으로 살 수 있는 증진된 사회를 이룩할 것.
전통주의	중세: 신학으로는 칼뱅과 알미니안주의. 당시 사회를 지배하는 계층의 주장.	사회의 적용과 효능을 위하여 개별적으로 준비시키는 것.
실용주의 경험주의 (pragmatism)	존 듀이의 실용주의 철학에 일치하게 사회재건을 위하여 개개인을 준비.	지성적인 단체 협동심과 사회계획을 위하여 개개인을 훈련.

철 학	궁극적 목적	직각적 목적
이상주의 (idealism)	a. 하나님께 개개인을 적응시 키는 것. b. 인격적인 상호 작용을 인 간과 사회를 위해 성취시 킨다.	진, 선, 미의 문화, 지식, 인격, 효과 그리고 시민을 인도.

강의 칼럼 1) 한국 교육의 현실

비싼 대학 수업료 등으로 학부모가 떠안는 고등교육 공교육비 부담이 주요 나라들 가운데 최고 수준인 것으로 나타났다. 경제협력개발기구(OECD)가 18일 공개한 〈2007 오이시디 교육지표〉를 보면, 2004년 기준 우리나라의 국내총생산(GDP) 가운데 공교육비 비율은 7.2%였고, 이 가운데 학부모 등 민간 부문의 부담률은 2.8%로 조사 대상 회원국 가운데 최고였다. 민간 부문 부담률의 대부분인 1.8%가 고등교육 단계에서 발생했으며, 이는 회원국 평균 0.4%에 견줘 네 배가 넘는 것이다. 민간 부문의 고등교육 부담률이 높은 것은 우리나라에서 학교 예산 대부분을 비싼 대학 수업료에 의존하는 사립대 비중이 압도적인 반면, 정부의 고등교육 재정 비율은 낮기 때문으로 풀이된다. 교육대·산업대를 뺀 4년제 대학의 연평균 수업료는 국·공립대가 3883달러(구매력 지수로 환산한 미국달러)로 미국·일본에 이어 3위였고, 사립대는 7406달러로 미국·터키·오스트레일리아 등에 이어 5위였다. 지난해 조사(2003년 기준)에선 각각 4위였다. 다른 회원국 대학생들은 79.1%가 국·공립대에 다니는 반면, 우리나라는 대학생 77.6%가 사립대에 다닐 만큼 고등교육에서 사립대 비중이 크다.

정부 부담 고등교육 비율은 국내총생산 대비 0.5%로 회원국 평균

1.0%에 못 미치며 일본과 나란히 가장 낮았다.

초·중등교육 단계에서 민간 부문이 내는 공교육비 비율도 0.9%로, 회원국 평균 0.3%를 훨씬 웃돌며 가장 높았다. 공교육비에는 학원·과외 등 사교육비는 빠져 있다.

25~34살 연령층의 고등교육 이수율은 97%로 회원국 평균 77%보다 매우 높았다. 4년제 대학 입학률(석사 포함)은 1995년 41%에서 2005년 51%로 꾸준한 증가세를 보였으며, 전문대 입학률은 95년 27%에서 2001년 52%까지 늘었다가 감소세로 돌아서 2005년 48%를 나타냈다. 25~64살 대졸 여성 취업률은 58%로 회원국 평균 79%에 훨씬 못 미치며 가장 낮았다.

한편, 2005년 기준 초·중등학교의 학급당 학생 수나 교원 1인당 학생 수는 2004년에 이어 가장 많은 수준이어서, 초·중·고교 교육 여건이 여전히 열악함을 보여줬다. 학급당 학생 수는 초등학교 32.6명, 중학교 35.7명으로 회원국 평균(21.5명, 24.1명)을 크게 웃돌며 가장 많았고, 교원 1인당 학생 수도 멕시코 다음으로 많았다.

국내대학 외국인 학생 비율 OECD 최저

총 정원의 0.5%······ OECD회원국 평균은 7.6%

국내 대학교에 재학 중인 외국인 학생 비율이 경제협력개발기구(OECD) 회원국 중 가장 낮은 것으로 나타났다. 18일 OECD '2007년 교육지표'의 조사 결과에 따르면 국내 대학교에 재학 중인 외국인 학생 비율(2005년)은 총 정원의 0.5%로 폴란드와 함께 가장 낮았다. 국내 총 대학·대학원생 정원 320만여 명 중 외국인 학생은 1만 5497명인 것으로 조사됐다.

외국인 학생 비율은 뉴질랜드가 28.9%로 가장 높았고, 호주 20.6%,

스위스 18.4%, 영국 17.3% 순이었다. OECD 회원국의 평균은 7.6%로
나타났다.

반면 우리나라 학생들의 외국 대학 유학은 미국(57.8%)이 가장 많
았고, 이어 일본(23.4%), 독일(5.5%), 호주(4.4%), 영국(4%), 프랑
스(2.2%) 순으로 나타났다.

이번 조사에서는 또 국내 대학교의 평균 수업료가 OECD 회원국
보다 비싼 것으로 조사됐다. 4년제 국·공립대의 수업료의 경우 국
내 대학이 연평균 3883달러로 미국(5027달러), 일본(3920달러)에 이
어 3번째로 학비가 비쌌다. 지난해에는 전체 회원국 중 국내 국공립
대학 학비는 4위였다. 이는 유럽 국가의 경우 국공립 대학들의 수업
료가 무상이거나 상대적으로 저렴하기 때문이다. 교육부는 "국내에
서는 대학 수가 늘어나는 만큼 이에 상응하는 국가 지원이 이루어지
지 않아 학생들의 수업료 부담이 많은 것이 사실"이라고 말했다. 사
립대 학비의 경우 미국(1만 8604달러)이 가장 높았고, 한국(7408달
러)은 5위였다.

교사 1인당 학생 수는 고교 16명, 중학교 20명, 초등학교 28명으로
OECD 평균(고등 13명, 중 13명, 초등 16명)을 크게 웃돌았다. 멕시
코를 제외하면 회원국 중 교사 대 학생 비율이 가장 높았다. 학급당
학생 수도 초등학교 32명, 중학교 35명으로 OECD 평균(초등학교 21
명, 중학교 24명)보다 10명가량이나 더 많아 과밀학급이란 평가를
받고 있다.

총 36개국 회원국이 참여하는 'OECD 교육지표'는 해마다 국가별
고등학교 졸업률, 1인당 공교육비, 교사 1인당 학생 수, 교원 임금
등을 국가별로 비교해 발표한다.

강의 칼럼 2) 한국 교육 병폐를 고치는 길은 이 길밖에 없다

1. 입시가 객관식(客觀式)이면, 절대로 온전한 실력을 닦을 수 없다.

◆ 입시문제가 객관식 위주이기 때문에, 학교평가방식도 객관식을 탈피할 수 없게 됨으로, 학생들의 학습방법도 단 답 암기, 찍기, 맞추기 연습에 치중할 수밖에 없게 된 현상이, 한국 교육을 망치는 가장 큰 잘못이다.

◆ 객관식 교육은, 학교보다도 사교육에서 대학 입시공부로 더욱 심화되어 한국 교육의 본질은 더욱 저질화되었고, 학부모가 엄청난 사교육비를 부담할 수 없으면 자녀의 대학 진학이 어렵게 되었다.

◆ 여러 TV 공영방송에서도 다투어 정답 맞추기 프로그램이 많아지고 있는데, 정답 맞추기가 객관식 관념을 부추기기 때문에, 한국 교육을 더욱 왜곡시키는 데 한몫한다는 사실을 방송 관계자들은 알아야 한다.

◆ 이렇게 얻은 지식은, 개념적이고 포괄적인 이해 결핍으로 지엽적이고 써먹을 수 없는 지식을 습득하게 되므로, 객관식은 평가의 정확성과 편이성은 있지만 교육 목적을 달성할 수 없는 것이다.

◆ 이러한 지식은, 입시를 위한 사교육이나 고액 과외공부를 지도하는 저질교육자들을 양성하는 것 외에는 진정한 사회를 위해서는 불필요한 것들이고, 현 사회의 고학력 인구들의 온전한 실력 부족과 사회의 혼란 원인을 제공하는 저속한 두뇌의 원천이다.

◆ 공부란, 개념과 핵심을 알면 지엽적인 문제는 저절로 풀리도록 해야 한다. 객관식 교육은, 내용보다는 껍데기 암기에 치중케 됨으로 단 답은 잘 알면서도 연관성과 전체성에 대한 사고력이 부족하여 알 것을 알지 못하고 응용력이나 창의력을 배양할 수 없기 때문에, 활

용가치 없는 엉터리 교육으로, 학습량만 눈덩이처럼 부풀어 헛고생만 시키게 되었다.

◆ 논술은, 주로 대학에서 연구 활동을 위한 것인데, 고졸 수준에 논술고사를 적용한다는 것은 성급한 처사로서 또 다른 사교육을 불러 내용보다는 겉만 달달 외우게 되어 암기양만 더욱 많아졌다.

◆ 이러한 교육환경에서 성장하는 한국 학생들은, 측은하게도 공부시간 외에는 시간 여유가 없어서 전인교육(全人敎育)과 인간교육 체험이 결여되었고, 성장기에 장기간 두뇌휴식 부족으로 두뇌가 혹사(酷使)당하여 사고력과 창의성이 감퇴되었고, 건강에 지장이 많게 되었으므로, 이러한 인간의 일생이 어떻게 될지 두고 보면 알게 될 것이다.

◆ 현재 한국 학생들은, 세계에서도 공부 시간이 가장 많지만, 지식이 온전치 못하여 지금까지 국제 수학능력(修學能力) 평가 결과는 좋지 않았다.

◆ 때문에 평가는, 공정성과 편이성보다는 교육 목적 달성이 더 중요시해야 함에도 불구하고, 교육전문가들은 왜 엉뚱한 짓만 해 왔는가?

◆ 앞으로 학교 평가는, 객관식보다도 개념이해와 내용숙지 정도를 평가할 수 있도록 개선해야 한다. 이러한 평가는, 공정성과 정확성이 떨어질 수도 있지만, 객관식처럼 교육성과를 근본적으로 망치지는 않을 것이다.

2. 평준화 교육 정책은 한국 교육을 이 지경으로 만든 실책이다.

◆ 듣건대 "천재와 바보는 백지 한 장 차이다"는 말은, 공부 못하는 학생에게 심기일전(心機一轉)을 위한 말일 뿐 현실은 다르다. 실

제로 천재와 바보의 사고력 차이는 매우 크므로, 천재는 간단히 알수 있는 것을 바보는 일생 노력해도 모를 수 있다는 현실을 심고(審考)해 보아야 한다.

◆ 평준화교육은, 실력 차가 큰 학생들을 한 교실에 혼합하고 일률적 수업을 적용했기 때문에, 선생은 수업기준이 모호하여 알든 모르든 혼자 떠들게 되었고, 학생들은 진도를 따라가지 못해 흥미를 잃고 졸게 되었으므로, 학교 수업은 실효가 없어서 부득이 사교육을 찾게 된 것이다. 수준별 수업방식이 달라야 한다는 사실을 알고도 이랬는가?

◆ 실력 차가 큰 학생들을 혼합하여 알든 모르든 일률적인 강의는 세계에서도 한국 외에서 찾아볼 수 없다. 일부 선진교육에서, 실력 차가 있는 학생들을 혼합하여 실습교육을 하는 경우도 있는데, 수준 차가 다른 학생들은 파트가 다르고 설명방법도 다르다.

◆ 평준화교육은, 오늘날 한국 교육 병폐를 자초한 가장 큰 실책이나, 아직도 차별 없다는 점만 우기면서 평준화를 계속 고집하는 부류들은, 대개 국가의 미래는 생각지 않고 모종의 이익에 집착했다고 보아야 정확하다.

◆ 만약 단 답 암기나 찍기 연습을 하지 않은 옥스퍼드나 캠브리지 우등생들에게 한국형 객관식으로 평가한다면, 평가 결과는 매우 저조할 것이다.

◆ 때문에 교육개선 과정에서 평준화 때보다 실력이 저조하다는 통계가 나올진데, 이는 객관식 평가 결과이기 때문에, 참고가치가 없는 것이다.

◆ 평준화를 고칠 때, 평준화로 이익을 챙기는 부류나 이해가 부족한 자들로부터, 명문교부활이다, 인간차별이다, 평준화 때보다 실

력이 저조하다는 반발은 분명히 있을 것이다. 이에 대해서는, 교육은 성과 달성이 가장 중요함을 지속적으로 홍보하면서 이해를 촉구해야 한다.

◆ 때문에, 먼저 학교별로 학생들의 습득능력과 실력 차에 의해 반을 재편성하고 수준에 적합한 지도방식을 택해야 하며, 과목별 수준이 다른 학생이 있다면 과목에 따라 수준에 적합한 교실로 학생을 이동시키는 방법도 시도해 볼 필요가 있다.

3. 알든 모르든 선생 혼자 떠드는 수업은 한국 외 어디에도 없다.

◆ 현재 한국 중고생들의 실력 수준을 알아보면, 고3생의 영어실력은 중2생 수준의 간단한 영어 회화(會話)도 거의 못하는 실태이며 다른 과목도 이와 비슷하다. 실제 영어(英語) 선생의 강의를 제대로 이해하고 따라가는 학생은, 한 반에 2~3명 정도 있으면 다행이다.

◆ 이러한 원인은, 선생들은 학생들이 알든 모르든 자기 혼자 떠들다 가면서 정해진 학습 범위를 마쳤으니 주어진 책임은 완수했다고 한다면, 과연 이러한 엉터리 수업이 한국 외 어디에 또 있겠는가?

◆ 고로 학생들은, 학교에서 배움이 미미하여 실력 양성은 사교육에 의존할 수밖에 없으므로, 학교는 졸업증을 획득하기 위한 "보이스카우트"나 "걸스카우트"로 전락된 느낌이다.

◆ 독일(獨逸) 교육은, 실력별로 나누어 학생들의 이해와 습득 정도에 맞추어 학습을 진행하기 때문에, 정해진 학습 범위를 마치지 못하는 경우도 있지만, 이것이 더욱 알찬 학습이다.

◆ 앞으로 학교 수업 방식은, 정해진 학습 범위를 완수하는 것보다는, 학생들이 알 때까지 반복 수업이 가능하도록 교사에게 재량권을 부여하고 성과 의무를 강조해야 할 것이다.

4. 결론: 진정한 교육개혁은, 이 길 외에는 없다.

◆ 우리가 자장 크게 주시해야 할 점은, 대학진학을 위한 객관식 수능시험 출제는 일절 국가에서 관할하면서, 학원 위주의 문제를 출제하기 때문에, 진학을 위해서는 어쩔 수 없이 사교육을 피할 수 없는 실정이고, 사교육비는 자연스레 학원으로 몰리게 되어 있으므로, 한국 교육 현장은 교육 목적을 저버리고 청소년들을 미끼로 하는 자본시장이 판이 되어버렸다.

◆ 이러한 교육 환경 때문에, 학부모들은 자녀들의 온전한 지식과 인성(人性) 함양보다는, 객관식 문제나 다루는 사교육에 입시공부를 의존하지 않을 수 없어서, 엉터리 교육에 막대한 교육비를 부담하게 되었다.

◆ 살피건대, 교육관계자들이 교육 병폐를 알면서도 지금껏 고치지 못한 가장 큰 원인은, 모종의 이해타산에 마음이 쏠려 교육정책 자체가 의도적으로 정곡(正鵠)을 회피하면서 비정상적으로 흘렀기 때문이다.

* 병폐하에 수입이 크게 좋은 부류 → 교육개혁, 절대로 반대.
* 고액과외로 상위권에 속한 부유층 → 교육개혁, 은근히 방해.

◆ 현재 교육개혁 장애물은, 사교육으로 큰돈 버는 부류들과 교육 실권자들이기 때문에, 서민들이 교육개혁 의지가 철저하게 묵살되고 있다는 점을, 국민들은 확실히 알고 장애물들이 묵살할 수 없도록 맹렬히 촉구하지 않으면, 진정한 교육개혁은 절대로 이뤄지지 않을 것이다. 끝.(한국 정상화 교육 위원회 일동)

강의 칼럼 3) 한국교육에 대하여 한마디……

안녕하세요? 제 이름은 제임스이며 저도 조기미국유학생입니다.

중3 때 도미하여, 미국에서 스탠포드대학을 졸업했습니다. 현재, 퇴근 후 영어를 배울 경제적 여건이 되지 못하는 사람들에게 주2회 '무료영어강습'을 하며 나름대로 한국사회에 좋은 영향을 끼치려 발버둥치는 한국유학생 중 한 명이죠. 대학시절엔 고려대학에서 방문자 학생으로 공부했기 때문에 한국교육의 면모를 그나마 객관적으로 비교분석하는 기회를 가질 수 있었습니다. 며칠 전, 한 여학생이 한국교육을 욕하지 말라는 글을 읽고 유학생으로 한 말씀 드리려고 컴퓨터 앞에 앉았습니다. 제 입장은 이렇습니다. 한국교육을 욕하는 사람은 별로 없습니다. 다만, 한국교육 현실에 한탄하는 사람들이 많죠. '지적'은 결코 '욕'이 아닙니다. 사람이나 정책이나 객관적인 지적 없이는 절대 발전할 수 없습니다. 지적을 욕이라고 착각해서도 안 됩니다.

저는 미국에 건너가 한국을 더욱 사랑하며, 애국심을 불태우는 경험을 많이 했습니다. 첫 번째 계기가 IMF 때인데요. 내 조국이 경제적 궁지에 몰리는 상황을 미국에 건너와 바라보고 있자니 가슴이 찢어질 듯 아팠습니다. 그래서 그때 결심했죠. 미국이란 선진국 나라에서 열심히 공부하여 커서 한국경제성장에 이바지하는 사람이 되기로요.

한국은 경제, 정치뿐만이 아니라, 교육에도 고질적인 문제를 많이 안고 있습니다. 입시지옥의 교육환경, 상상을 초월하는 사교육비, 개성을 말살하는 평준화 교육 등이 '한국 탈출'의 의욕을 불어넣는 문제점의 핵심 내용들입니다. 거기다 교육부 장관이 바뀔 때마다 아이들을 실험 대상으로 삼기라도 하듯, 수시로 바뀌는 입시 정책으로 인해 학생이나 학부모가 혼돈에 빠지기가 일쑤인 짐도 한국의 교육에 대한 불신의 원인이 되고 있는 실정입니다. 방향감각을 잃은 이런 한국 교육현실에 적응을 못한 학생들이 해외로 도피를 하다시피 유학을 가는 경우가 많은 것은 필연의 결과로 보아야 할 것입니다.

먼저 한국과 미국 학생의 수업참여도 차이에서 우리는 한국교육의 현주소를 파악할 수 있습니다. 수업참여(Class Participation)란 학생이 수업활동에 적극적, 능동적으로 참여하는 활동을 말합니다. 학습할 부분을 예습하고, 배운 내용을 복습하는 활동은 물론 학습과정에 능동적으로 참여하여 발표를 하고 질문을 하며, 선생님 강의 내용에 이의를 제기하는 등의 적극적, 능동적 활동이 포함되는 것입니다. 학생들은 수업참여 활동을 통하여 '고기 잡는 방법'을 터득하게 된다 하여 선진학습의 방법으로 알아 선진국의 내로라하는 모든 대학에서는 이의 실행, 수행이 보편화하고 있는 실정입니다. 하지만 실망스럽게도 한국의 경우, 대부분의 중고등교육은 물론, 대학교는 학생의 수업참여가 거의 이루어지지 않고 있는 실정입니다. 예습, 복습은커녕 지정 학습교재마저 지참하지 않은 채 강의실에 나오는가 하면, 조는 학생에 잡담을 하는 등 분위기가 '고기를 잡아 입에 넣어주려고 해도 입마저 벌리지 않는 상황'이고 보니 수업참여라는 말 자체가 의미가 없는 실정이죠. 주입식(注入式) 교육이 일반화되어 있는 한국 교육의 현주소는 그리 만족스럽지 못한 것이 사실입니다.

수업참여는 학습효과의 극대화를 위한 필수조건임에도 한국에서는 지방대학들을 포함한 대부분이 2 내지 3시간으로 짜여진 강의시간을 예습을 한 교수 혼자서 '나 홀로' 떠들어대다 마치고 마는 그런 강의가 이루어지고 있는 현실입니다. 한국의 초, 중, 고등학교 교육도 선진국의 '수업참여' 수준에 비하면 걸음마 단계에도 못 이른 후진적 수준에 머물고 있음을 부인할 수 없죠. 우선, 한국의 교육은 수업규

모상 학생들의 수업참여는 이루어질 수가 없습니다. 한국의 초, 중, 고등학교는 한 교실에 적어도 40~50명이 모여 앉아 수업을 합니다. 그러나 미국의 경우는, 공립중고등학교의 경우 많아야 30명이며, 사립 초, 중, 고의 경우 10명 정도가 한 반에서 수업을 듣죠. 토론식 수업이 자연스레 이루질 수 있는 분위기입니다. 학생 수가 많은 한국의 각 학교 교실에서는 학생들의 수업참여나 토론이 이루어질 수가 없는 게 당연지사입니다. 그러다 보니, 토론이나 발표, 그에 대한 이의제기 등 학생들의 능동적, 적극적 학습활동이란 기대할 수가 없고, 선생님들 역시 학생들의 참여활동에 익숙하지 않기 때문에 그저 조용히 자신의 주입식 교육에 열중해 주는 학습 자세를 기대하고 그런 학생에게 후한 점수를 주는 안타까운 현실이 벌어지고 있습니다.

그러나 미국의 경우는 정반대입니다. 수업시간에 학생이 아무리 집중을 잘하더라도 입을 열어 수업에 참여하지 않으면 절대로 좋은 점수를 주지 않는 것이 미국수업문화입니다. 학생 스스로 예습, 복습으로 무장한 학습지식을 바탕으로 선생님이나 교수가 땀을 흘릴 정도로 질문을 하고, 논리에 반박을 하며, 토론을 하는 학생이어야 제대로 학습활동, 수업참여를 하고 있는 것으로 평가하는 것이죠.

교육에 있어 지식전달은 사람과 사람 사이의 의사소통이 매우 중요한 역할을 하기 때문에 어찌 보면 수업참여를 강조하는 것은 당연한 일일 것입니다. 저의 경우 도미 후, 의사소통의 수단이 제2외국어인 영어였기에, 수업참여를 하거나, 영어가 모국어인 미국 학생들과 특정 주제에 관하여 깊이 있는 토론을 벌일 때 어지간히 애를 먹었습니다. 무엇보다, 도미를 하게 된 중3 때까지 한국의 주입식 교육에 길들여져 있는 내게 미국 수업참여 및 토론문화 등은 나의 큰 핸디캡을 다시금 느끼게 해 주었죠. 그 이유에서인지는 몰라도, 고등학교와 대학교를 미국에서 다닌 전 아직까지도 미국식 토론형식의 심도 있는 수업에서 가끔은 보이지 않는 장벽을 느끼는 게 사실입니다. 그들은 대부분 나보다 영어를 더 유창하게 구사할뿐더러, 토론수업 시 발표하는 내용이 매우 논리적이고 비판적입니다. 그들이 그럴 수 있는 이유는 어찌 보면 매우 간단하죠.

우선 갓난아기 때부터 시행되는 한국과 미국의 교육방식에 큰 차이가 있기 때문입니다. 일반적인 예로, 우리나라에서는 아이가 잘못을 저지르면 대부분의 경우 감정적으로 나무라며 아이를 꾸짖는 반면, 미국 부모들은 아이가 무엇을 잘못하였는지, 왜 꾸중을 들어야 하는지를 논리정연하게 설명해 줍니다. 부모가 어떤 일을 하지 말라고 금지시킬 경우 아이가 왜 안 되느냐고 물으면, 그것은 이렇고 저래서 그렇다고 상세히 설명을 해 주고, 투정을 부리면 여러 가지 방법으로 설득, 이해시킵니다. 또한 미국 부모들은 아이와 눈높이를 맞추어 독립된 인격체로 대하기 때문에 아이들의 철없는 언행에 힐난, 힐책 또는 벌을 주기보다는 논리적으로 설명을 하여 이해시키는 방식을 택합니다. 엄격히 지시, 명령, 통제하는 한국식교육과는 사뭇 다를 수밖에 없죠.

학교에 입학하여 공부를 하는 과정에서 그 차이는 더 벌어질 수밖에 없습니다. 주입식 교육이 보편화된 우리나라 학생들이 암기력과 사고력, 이해력의 개발에 중점을 두는 데 반하여 미국 학생들은 창의력, 상상력, 적응력 등을 키워나갑니다. 미국 학생들은 바로 이런 학습과정을 거치며 성장하기 때문에 토론형식으로 수업이 진행되는 미국대학에서 그들이 두각을 드러내는 것입니다. 한마디로, 우리나라 학생들은 남들이 만들어놓은 포장된 지식을 주입받는 동안, 미국 학생들은 생각하는 방법, 창의력을 기르는 것입니다. 자발적으로 참여하여 토론을 벌이는 방식의 학습, 스스로 탐구하는 학구를 통하여 작문실력, 발표력, 논리적 사고를 기르는 교육을 받기 때문에 미국 학생들은 20대에만 이르러도 어려서부터 개발하여 온 창의력을 기반으로 자기 개발을 원숙하게 도모해 나아갑니다.

한국의 그릇된 교육정책으로 인한 사교육(私敎育)의 문제점은 이미 한국의 경제까지도 뒷걸음치게 하고 있습니다.

청소년의 미래는 바로 국가의 장래입니다. 그러기에, 바람직한 학교교육의 시행은 곧 국가의 미래를 바로 세우는 과업이 되는 것이죠. 그러나 한국의 교육은 여러 가지 문제점을 안고 있어 효율성을 살리지 못하고 있다는 평가를 받고 있습니다. 우선 개성과 차별성을 무시한 평준화 교육이 가장 큰 문제점이고, 인성이나 교양 등 기본적인 인간교육은 외면한 채 성적만 중시하는 입시위주(入試爲主)의 교육도 크나 큰 문제점으로 지적되고 있습니다. 각급학교 학생들은 학교에서 시행하는 공교육보다는 학원에서 제공되는 사교육에 더 많은 비용과 시간을 할애하여 '족집게과외'를 받고 있는 실정입니다. 사교육비의 엄청난 증가 추세는 출산기피 현상으로 비화하여 인구감소, 산업인력의 부족이라는 기상천외의 문제점으로 이어져 국가의 미래를 걱정하지 않을 수 없는 상황까지 연출되고 있습니다.

미국에서는 학생들이 제도권 공교육 외에 사교육(학원학습)을 받는 경우가 거의 없죠. 왜냐하면, 미국의 경우 우리의 교육부 같은 교육을 통제하는 일률적인 국민교육과(National Curriculum)가 없기 때문에, 학교 교육 정책과 과정이 각 학교별로 매우 자유롭게, 자율적으로 결정되기 때문입니다. 다시 말하면, 미국의 경우, 우리나라처럼 교육부에서 교육과정이 나오는 것이 아니라, 학교 단위, 심지어는 교사 단위에서 나오게 되는 것입니다.

예를 들면, 선생님들은 모두 주관적인 시험문제를 출제하고, 자신이 가르친 내용을 서술하게 하며, 학생들의 학습 수준이나 성과를 주관적인 관점에서 평가합니다. 즉 수업내용만 잘 들으면 시험에서 좋은 점수를 얻을 수 있고, 내신을 걱정할 필요가 없습니다. 하지만, 안타깝게도 한국의 교육실정은 미국의 것과는 너무 다릅니다. 제가 한국에서 중학교 3학년에 재학 중이었을 때 국어 선생님께서 하신 말씀이 생각납니다. 자신이 서울의 한 고등학교에서 근무할 때 서울대 입학을 희망하는 한 학생이 있었는데, 이 학생은 학원과 과외 그리고 독서실을 전전하며 밤늦게까지 공부를 하고, 학교에 와서는 수업시간에 매일 졸기만 한다는 것입니다. 중간고사와 기말고사는 학원에서 수업만 잘 듣고 문제지에 의존해도 좋은 점수를 받을 수 있기 때문에 그 학생에겐 학교 교실에서 가르치는 선생님들의 수업은 별 의미가 없다는 것이었죠. 나중엔 서울대 갔답니다.

저 역시 초등학교 때부터 각종 보습학원을 다녔고, 학교시험은 학교 선생님의 수업을 굳이 듣지 않아도 족집게 학원 선생님들이 알아서 시험문제를 짚어 주어 문제될 게 없었습니다. 제가 한국에서 중학교 3학년일 때, 기말고사를 며칠 앞둔 어느 날 학원 선생님께서 일명 '족보'라는 노트를 펼쳐 그 지역 중학교 3학년의 과거 출제 시험문제들을 모두 복사해서 주신 적이 있습니다. 며칠 후 기말고사 시험문제를 보니 그 안에 있던 그대로여서 좋은 점수를 받을 수 있었죠. 그래서 우리는 학교에서 배운 내용보다 학원에서 나눠주는 자료에 더 매달릴 수밖에 없었습니다. 참으로 안타까운 일이 아닐 수 없지만 엄연한 현실입니다. 사교육에 의존하는 한국 학생들의 대부분은 학교에서 보내는 시간들은 거의 의미가 없는 것으로 알고 있습니다. 사교육이 흔하지 않은 미국 학생들의 경우, 대부분 학교에서

배우는 내용을 토대로 시험공부를 하며 내신관리를 충실히 하는 것
과 너무 다른 면모이죠. 미국 학생들은 하교 후, 보통 운동이나 음악
혹은 봉사 등등의 과외활동(extracurricular activity)으로 바쁩니다.
미국 학생들이 하교 후 공부하는 시간은 학교 숙제를 할 때입니다.
학교 숙제양이 한국에 비해 훨씬 많은데 그 과제를 잘해가는 것 또
한 성적 평가내용이 되어 내신관리 상 큰 비중을 차지하게 됩니다.

　'사교육'과 '공교육' 사이를 바쁘게 오가야 하는 한국 학생들은 그
릇된 교육 제도의 희생자일 수밖에 없습니다. 결론적으로, 미국 학생
들은 학교 교과 과정에 대한 집중도가 자연 높을 수밖에 없죠. 한국
학생들이 학원이나 독서실이라는 우물 안에서 천편일률적인 시험문
제 암기로 시간을 보낼 때 미국 학생들은 사회라는 대양에서 사회성
과 인간성, 창의성을 기르며 세계를 항해하는 것입니다.

http://cyworld.com/jamescho

위 칼럼을 읽고 느낀 점을 나누어 보세요.

한국 교육의 가장 시급한 문제점을 나누어 보세요.

제2강 기독교 교육사 또는 과정

1. 기독교 교육과 일반 교육을 비교해 보아야 한다

일반 교육에서는 브루너와 짐 테일러의 원리를 알아야 한다.

교육의 원리 중 '반복의 법칙' 일반 교육학자들의 이론: 계열성, 통합성, 계속성의 법칙을 기독교 교육에서는 어떻게 평가하고 있는가? 연구하기 바란다.

기독교 교육과 일반 교육의 차이점 또는 공통점을 발견하여야 합니다.

일반 교육의 원리가 기독교 교육의 원리에 상반된다는 기독교 교육학자들이 있는 반면 일반 교육의 원리가 다른 종교 교육(기독교 교육)과 별다를 봐 없다고 주장하는 일선의 교육학자들의 주장과 논문이 많이 나오고 있다.

일반 교육(초등1 – 고3)의 교과 과정은 실상 브루너와 테일러의 법칙에 의하여 이루어진 것입니다. 즉 일반 교육은 계속성의 원리(Continuity Theory)를 주장한다.

계속성의 원리란?

중요한 경험 요인들이 종적 배열로 계속 반복되는 것을 말한다. 즉 계속 반복시킴으로써 효과적인 학습 성과를 획득하는 것. 예를 들어서 훈련은 아주 좋은 예가 될 것이다. 브루너에 의해 제창된 나선형 교육과정은 교육과정 조직의 **계속성의 원리**를 활용하여, 같은 것을 계속적으로 단순히 반복하는 것이 아니라 점진적인 심화 · 확대를 더 강조하여 반복함으로써 완전학습에 이를 수 있다는 교육과정을 말하는 것이다. 어떤 발달단계에서 어떤 아동에게도(장애아는 예외이다) 어떤 교과(다른 저자의 이론을 의미)이던 그 지적 성격에 충실한 형태로 효과적으로 가르칠 수 있다는 것을 목적에 둔다.

또한 효과적으로 가르치기 위해 학생의 수준에 맞는 표현양식을 사용하며 교수방법을 달리하여 지식의 구조를 이해시킬 수 있게 해야 한다고 브루너는 주장했다. 즉 어떤 발달단계를 막론하고 가르쳐야 할 교육 내용은 동일하며 이 동일한 내용이 브루너가 지식의 구조와 동의어로 사용한 기본개념과 원리인 것이다.

(토론1) 외우고 있는 성경 말씀을 적어 보세요:

1.

2.

3.

바울의 기도: 빌 1:9 - 11

표현방식(작동적, 영상적, 상징적)에 대하여 나누기 바랍니다.

브루너의 지적 발달이론의 영향을 받은 교육 방법은 전조작기(1 - 6세), 구체적 조작기(7 - 11세), 형식적 조작기(12세 이상)로 나누고 각 단계에 맞는 표현양식을 각각 작동적 표현양식, 영상적 표현양식, 상징적 표현양식으로 구분하였다. 작동적 표현은 실제 행함으로써,

영상적 표현은 실제의 모형이나 그림을 통해서, 상징적 표현은 공식이나 언어로써 원리를 알게 하는 방법이다. 더 자세하게 설명하자면 작동적 표현은 지식의 표현형태 중 가장 먼저 발달하는 것으로 어린이가 세계를 경험하는 방법은 환경과의 직접적인 경험을 통해서 이루어진다. 이 시기는 피아제의 감각-동작기에 속한다. 즉 어린이는 물건을 손으로 만지거나 입으로 가져가 봄으로써 그 물건의 속성을 알게 되고, 놀이를 통해 물체의 특성을 이해하게 된다. 그러므로 어린이들은 직접적으로 환경을 탐색하기 위해 운동기술을 발달시켜 나가게 되며, 행동을 통해 환경과 직접적으로 접촉하여 지식을 획득해 나간다. 따라서 이 시기의 어린이들에게는 구체적으로 대상에 대한 조작이나 직접적인 경험을 통한 학습이 효과적이다. 영상적 표현은 아동이 새로운 대상을 이해하고 받아들이기 위해 정신적 영상을 사용하는 시기로 피아제의 구체적 조작기에 해당한다. 이 시기는 개념을 완벽하게 정의하는 것이 아니라 영상이나 심상을 통해 대체적으로 이해하게 된다. 이와 같이 대상에 대한 영상을 지니게 되고 간접적 경험을 통해 초보적 수준의 개념을 수립할 수 있는 것은 대상이나 경험을 기억하는 저장체계가 발달하기 때문이다. 이 시기에서 보다 효과적인 학습의 형태는 그림, 사진, 시범을 보이는 것, 견학시키는 것 등과 같이 아동의 시각적 경험이나 감각적 경험을 이용하는 것이 된다. 브루너의 상징적 표현은 모든 교과 과정은 그 나름대로 표현 양식과 상징이 있기에 교육 효과를 위하여 상징(연상법)을 교육 과정에 넣어두는 것을 말한다. 실상 어린아이들은 자기들만의 교유 상징 연상법이 있다. 사물의 이름을 알기 전 부르기 쉬운 이름을 만들어 그 물체를 연상하곤 한다.

(토론2)

작동적 원리: 우리 교회 학교의 시설물을 교회 내의 아이들이(청소년 청년) 마음껏 만질 수 있도록 설치되어 있는가? (유년부-초등부) (중-고등부) (대학부-청년부)

영상적 원리: 우리 교회 학교 교육을 위하여 갖추어진 영상 교육시설은 어떤 것이 있는가?

상징적 원리: 우리 교회 학교 학생들은 기독교의 상징들(Symbols)을 제대로 이해하는가?

1) 교회 학교(주일학교)의 원리와 비교하여 타일러의 원리를 비교해 보자:

○ 첫째, 학교는 어떤 교육 목표를 달성하려고 노력해야 하는가?

○ 둘째, 그러한 교육 목표들을 달성하기 위하여 어떤 교육적 경험들이 제공될 수 있는가?

○ 셋째, 그러한 교육적 경험들은 어떻게 효과적으로 조직될 수 있는가?

○ 넷째, 그러한 목표들은 달성되었는지 아닌지 어떻게 결정할 수 있는가?

→ "교육은 인간 행동을 변화시키는 과정이다."

→ "교육 목표는 내용과 행동의 두 요소를 포함하여 진술되어야 한다."

☞ 타일러의 주장은 목표 중심의 교육과정 이론이다.

2) 교육 목표 설정과 경험의 선정.

□ 학습경험을 선정하기 위한 일반적인 원칙

○ 첫째, 목적 달성을 위해 학생들에게 성취에 필요한 학습경험의
　　기회 제공.

○ 둘째, 학생들이 학습경험에 대하여 만족을 느껴야 한다.

○ 셋째, 학습경험은 학생들의 현재 수준에서 경험할 수 있어야 한다.

○ 넷째, 하나의 교육 목표를 위해 여러 가지의 학습경험이 제공
　　될 수 있다.

○ 다섯째, 학생에 따라 같은 학습경험을 했더라도 다른 성취결과
　　를 나타낼 수 있다.

(토론3) 기독교 교육에서 '경험'을 '간증'으로 바꾸어 설명해 보자.
즉 내가 만난 예수 그리스도에 대하여 서술해 보자.

언 제:	
어디서:	
만나기 전:	
만난 후의 나의 고백:	
예수 영접 후 가장 많이 변화된 부분은:	

3) 교육과정 조직의 원리

수직적 원리와, 수평적 원리

□ 수직적 조직의 원리: 계열성과 계속성

○ 계열성(sequence): 학습 내용이 제시되는 시간적 순서를 고려

하여 학습 경험을 단계적으로 심화·확대하려는 것.

○ 계속성(continuity): 학습자가 올바른 학습을 할 수 있도록 동
일한 수준의 교육 내용을 지속적으로 반복하는 것.

□ 수평적 조직의 원리: 범위와 통합성

○ 범위(scope): 교과 내용의 폭과 깊이에 관한 것으로 일반교과
와 특수교과, 필수교과와 선택교과 간의 관계를 고려하는 것.

○ 통합성(integration): 학습자에게 일련의 통합된 또는 통합 조
정된 경험을 제공하려는 것. 교과 간의 통합과 학습 내용과 행
동의 통합이 고려됨.

(토론4) 기독교 교육에서 교회 공과 교육의 한계점을 나누어 보자.

공과의 명료성:
공과의 체계성:
공과의 연속성:

테일러의 교육

테일러는 교육의 원리 중 다음과 같은 원리를 주장한다. 다음의
원리를 기독교 교육의 원리에 적용시켜 보기 바란다.

1. 과부하의 원리

과부하의 원리란 일상생활 중에 받는 부하보다 강한 부하를 주어
야만 체력이 향상될 수 있다는 원리다. 3시간 30분대의 러너가 3시
간 10분대를 주파하기 위해서는 3시간 10분대에서 이루어지는 부하
로 훈련해야만 가능한 것이다. 전과 똑같은 부하의 훈련으로는 시간

단축을 기대할 수 없다.

2. 점증 부하의 원리

훈련의 효과를 높이기 위해서는 부하를 점증적으로 증가시켜야 한다는 것이다. 일정한 기간 동안은 달리는 거리와 속도를 동일 수준으로 유지시킨 후 단계적으로 증가시켜야 할 필요가 있다. 만약 이를 무시하고 단기간에 훈련의 강도와 양을 늘리면 심각한 부작용이나 부상을 초래할 수 있으므로 주의해야 한다.

3. 계속성 또는 반복성의 원리

일회성의 불규칙한 훈련은 오히려 신체의 기능에 혼란을 줌으로써 역효과를 초래할 수도 있다. 특히 마라톤과 같이 신체의 기능을 향상시켜야만 하는 운동에서는 반복적이고 지속적인 훈련이 뒷받침되지 않으면 더 이상의 발전을 기대할 수 없다.

4. 개별성의 원리

달리기의 형태, 속도, 거리, 지속 시간, 장소 등을 결정하기 위해서는 러너의 수준, 성별, 연령, 영양 상태, 컨디션 등을 충분히 고려해야 한다. 이는 러너의 적응능력에 따라 훈련형태가 달라져야 하기 때문이다. 아무리 좋은 훈련프로그램이라도 자신과 맞지 않으면 훈련의 효과를 기대할 수 없다.

5. 특이성의 원리

달리기의 속도가 빠를수록 무산소 대사에 의한 에니지 시스넴이 증가하게 된다. 이러한 형태의 달리기에서는 호흡, 순환계에 오랫동안 충분한 자극을 줄 수 없기 때문에 지구력의 발달보다는 스피드와 근력의 발달에 효과가 있다. 반면 낮은 강도의 유산소 달리기는 유산소 대사에 의해 에너지를 충당하게 되므로 오랫동안 달릴 수 있다. 장시간의 유산소 달리기는 심폐기능과 지구력을 향상시킬 수 있는 좋은 방법이다. 하지만 명심해야 할 것은 지구력을 향상시키기 위해 장거리 훈련만 반복한다든가 스피드를 향상시키기 위해 빠른 속도로만 훈련하는 것은 바람직하지 않다. 어느 한 쪽으로 편중되지 않도록 주의해야 한다.

딤후 2:3-6절의 비유를 읽고 다음의 원리를 적용시켜 보자.
바울이 제시한 3가지 비유를 들어보자.

1. 비유 내용: 1-1 적용:
2. 비유 내용 2-1 적용:
3. 비유 내용 3-1 적용

테일러의 법칙

(토론5)

1. 과부하의 원리	
2. 점증 부하의 원리	
3. 계속성 또는 반복성의 원리	
4. 개별성의 원리	
5. 특이성의 원리	
예를 들어서 성경 읽기 또는 기도의 법칙을 테일러의 교육 법칙에 비추어 설명해 보라	

참고 자료: 일반 교육학 '짐 테일러'의 교육 철학

짐 테일러 박사는 한때 알파인 스키선수였으며 공부 외에도 테니스, 발레 등 다방면에 능한 스포츠맨이다. 특히 '꿈의 코스'라고 불리는 마라톤 서브쓰리(마라톤 풀코스를 3시간 내에 완주하는 것)를 달성했을 정도로 스스로 도전과 성취의 희열을 체험했고, 따라서 '노력'과 '성취'의 관계에 대해 다른 어떤 교육 전문가보다 현실적이고 구체적인 제안을 해 주고 있다. 또한 아이가 장차 성공과 행복을 갖춘 어른으로 성장하기 위해서는 무엇보다 부모가 아이에게 전략적이고 긍정적인 도움, 즉 'Positive Pushing'을 발휘해야 한다고 주장하고 있다.

엄격한 비허용적 자녀양육 방식과 허용적이되 세심한 배려를 강조하는 자녀양육 방식에서 모든 것을 아이가 원하는 대로 해 주는 요즘 부모들의 태도가 왜 잘못인지를 설명한 다음, 어떤 식으로 부모가 아이에게 통제와 동기부여를 발휘해야 하는지를 알려 주고 있다.

아이는 부모 하기 나름이다. 부모로서 어떤 모습을 보이느냐에 따라 아이가 달라진다. 미국의 **교육학자**인 짐 **테일러** 박사는 자녀를 최고의 아이로 키우고 싶어 하는 부모라면 강력한 리더십을 발휘해야 한다고 조언한다.

그러나 강력한 리더십이란? 강요와 억압(또는 카리스마 리더십이라기보다) 의무와 책임을 우선시하는 리더십을 말한다.

01. 무조건적인 사랑을 끊임없이 베풀어 준다

충분한 사랑은 아이의 성장에 필수 자양분이다. 아이들은 무슨 일을 잘하고 못하고에 따라서 부모의 사랑이 변한다고 생각하는 경향이 있다. 이런 불안은 아이가 모험하고 최선을 다하고자 하는 동기를 억제한다. 아이가 자라면서 자신의 능력에 한계가 있으며 세상에 대해 잘 모른다는 것 때문에 두려움을 느끼기도 한다. 이때 언제라도 의지할 수 있는 부모가 있다는 것을 깨닫게 해 주어야 한다. 아이에게 "나는 네가 있는 것만으로도 행복하다"라는 메시지를 전달해 주어야 한다. 아이가 부모의 사랑을 얻기 위해 구걸하는 입장이 되지 않게 하는 것, 그것이 아이의 성장에 출발점이 되어야 한다.

02. 아이들이 지키거나 도전해야 할 안전 범위를 정해 준다

세상 경험이 적은 아이들은 무엇이 안전하고 위험한지를 판단하지 못한다. 그런 아이들에게 무방비 상태로 세상을 겪게 하면 뜻하지 않은 좌절을 맛보고, 결국 두려움 때문에 아무것도 하지 않는 아이로 자랄 수 있다. 부모는 아이가 접할 수 있는 범위를 정하고, 계속 키워갈 수 있도록 해야 한다. 집안에서만 놀던 아이가 이웃집을 가 볼 수 있게, 이웃집에 쉽게 가게 되면 놀이터까지 혼자 가볼 수 있도록, 그것도 익숙해지면 좀 더 먼 곳도 경험해 볼 수 있도록 범위를 정해주고, 자극해 주어야 한다. 그렇다고 경계를 정해주는 것이 무조건 차단을 의미하는 것은 아니다. 아이가 마주칠 수 있는 위험에 대비하고 나이에 맞는 모험에 접하도록 해 주고, 도전에 성공적으로 대처할 수 있는 현실적, 육체적, 심리적, 정서적 능력을 갖추어 주라는 의미이다.

03. 수준보다 약간 높은 과제로 자극을 준다

아이들은 자신의 능력보다 약간 높은 과제를 주어, 조금만 노력하면 성공할 수 있다는 생각에 자극받고 노력하게 만드는 것이 가장 중요한 부모의 역할이다. 이를 위해서는 먼저 아이의 수준에 대해 알아야 하고, 현재 수준에서 아이가 가진 능력들을 평가해야 한다. 이런 평가를 바탕으로 어떤 뒷받침이 필요하고, 그 능력을 잘 키워 줄 수 있는 방법, 다음 단계에서 가르쳐야 할 것들을 모색해 볼 수 있다. 아이의 능력을 넘어선 부모의 욕심은 아이를 힘들게 한다. 아이가 느끼는 어려움을 이해하지 못하고 '실패'에 대해 야단만 치면 아이는 부모가 실망하는 반응 때문에 스스로 무능력하게 느끼고, 자신을 쓸모없는 존재로 여기게 된다. 평소에 아이가 원하는 옷을 입고 원하는 음악을 들을 수 있는 '작은 승리'를 안겨주는 것이 좋다. 그러면 아이는 스스로 인생의 일부를 책임지고 있다는 느낌을 갖게 될 것이다.

04. 자긍심을 가진 아이로 키우기 위해 노력해야 한다

자긍심은 아이의 성장 발달 단계를 무사히 거치게 하는 바탕이 된다. 자긍심은 노력하면 잘할 수 있다는 확신에서 시작한다. 자긍심 있는 아이는 계속 도전하고 노력하면서 만족과 보람을 느끼며 능력의 한계도 뛰어넘을 수 있다. 다양한 경험을 통해 얻어지는 전반적인 자긍심은 특정 활동에서 느끼는 자긍심보다 강력하고 탄력적이다. 아이가 부모의 사랑과 존중과 이해를 받고 있다고 느끼면 안정감을 갖게 되고, 더 큰 자긍심을 갖게 된다. 행동에는 결과가 따르며, 자신에게 성공하기 위해 필요한 능력이 있다고 믿으면 자긍심이 생긴다. 이런 자긍심을 가진 아이가 자신이 무엇을 얼마나 잘하는지와 상관없이 부모가 자신을 사랑하고 아껴줄 것이라고 믿음으로써 세상을 탐험하고 모험하며 자신의 한계를 시험하는 데 두려움을 느끼지 않게 되는 것이다.

05. 아이가 잘할 때만 사랑해주는 '성과급 사랑'은 금물이다

아이가 잘하고 못하고에 따라 부모가 조건부로 사랑을 줄 때 사랑은 단순히 '사랑'이 아니라 무기가 된다. 아이의 성취에 집착해서 아이가 잘하면 상을 주고 못하면 벌을 주거나 아이가 잘하면 사랑을 쏟아 붓고 못하면 냉정해지는 부모는 아이를 망친다. 이런 성과급 사랑을 받은 아이는 사랑은 당연한 것이 아니라 노력해서 받아야 하는 것으로 생각한다. 무엇을 얼마나 잘하느냐에 자신의 가치가 달려 있다고 믿게 되면 자신이 없고 우울하고 불안한 아이로 자라게 된다.

06. 과보호는 아이를 수동적으로 만든다

아이가 좌절하거나 분노하고 슬퍼하는 일이 없도록 지나치게 전전긍긍하는 부모는 아이가 정서적으로 발달하는 것을 가로막는다. 아이가 마음에 상처를 입지 않도록 보호할 뿐 아니라 심지어는 비위를 맞추려 하기도 하는데 아이가 자신의 감정을 경험하고 이해하지 못하면 성인이 되어서도 좌절에 대한 적응력이 떨어진다. 또래보다 성장이 빠르거나 발달이 빠른 아이를 둔 경우도 주의해야 한다. 아이 발달이 빠르다고 해서 그 또래에 겪어야 할 감정들을 무시하고, 너무 앞서갈 수 있기 때문. 부모의 과보호로 아이들이 스스로 무언가를 해내는 법을 배우지 못하면 성장 발달이 늦어지고 성공할 수 있는 능력이 제한되며 빈곤하고 불행한 삶을 살게 된다.

07. 모험심을 심어주는 부모가 돼야 한다

타고난 기질이 영향을 주기는 하지만 부모는 아이의 모험심을 길러줄 수 있다. 아이들이 어느 정도 모험을 감수하는지는 종종 부모의 마음가짐과 행동에 의해 달라진다. 부모는 아이와 게임을 할 때나 평소 생활 속에서 크고 작은 모험의 본보기를 보여줄 수 있다. TV나 영화, 책을 볼 때도 모험과 관련된 상황을 지적해 준다. 관찰과 체험을 통해서 아이가 모험에 익숙해지면 직접 모험을 해 보게한다. 처음에는 위험 부담이 크지 않은 게임 등에서 시작해 점차 실제 생활에서 스스로 선택하게 해야 한다. 모험을 한다고 해서 아이를 지나친 위험에 노출시키라는 의미는 아니다. 다만 부모가 갖고있는 어떤 믿음과 감정이 아이의 탐험에 방해를 하고 있지는 않은지반성해 보라는 의미가 더 크다.

08. 아이의 요구를 무조건 들어주는 것은 성장을 방해한다

부모들은 당연히 아이가 힘들어하는 것을 보고 싶어 하지 않는다. 그래서 아이가 원하는 것은 가급적 들어주려 한다. 그러나 욕구불만을 해결하는 법을 배우지 못한 아이들은 자기 마음대로 하지 못하면, 특히 좌절과 분노를 많이 느낀다. 충동적인 반응을 하고 자신의욕구를 충족시켜주지 않는 사람에게 화를 내고 떼를 쓰며 원하는 것을 얻어내기 위해 칭얼거리고 조르고 안절부절 못한다. 분노는 아이가 부모로부터 독립하는 과정에서 느낄 수 있는 자연스럽고 건강한감정이다. 만약 무엇이든 마음대로 하는 아이로 자라게 된다면 나중에 친구와 놀고 싶을 때 억지로 공부하라고 해서 말을 들을 리 없다. 오히려 보복으로 말썽을 피우는 아이로 자라게 될 것이다. 부모는 아이에게 이 세상에 자기 마음대로 할 수 있는 것은 없고 마음대로 할 수 있는 것은 오직 자기 자신뿐이라는 것을 알게 해야 한다.

09. 목표와 기대의 차이를 구분할 줄 알아야 한다

목표는 가능성이다. 노력을 해서 도달할 수도 있고, 간혹 그렇지 못할 때도 있지만 도달하지 못한다 해도 그만큼 발전한 것으로 만족할 수 있다. 그러나 기대는 무엇인가를 달성할 수 있다는 믿음이다. 불확실한 사항을 기정사실처럼 여기는 것이다. 따라서 기대에 미치지 못하면 실패한 것과 다름없으므로 실망도 크게 한다. 부모는 아이들이 정직하고 남을 배려할 줄 알며, 책임감 있고, 열심히 노력하고 감사하는 법을 배우기를 기대해야 한다. 전 과목에서 최우수 점수를 받거나 가장 좋은 대학을 가거나 프로 선수가 되기를 기대해서는 안 된다. 부모의 지나친 기대는 아이에게 반항심을 불러일으키고 성취를 불쾌한 감정과 연결해 결국 성취 자체를 피하게 만든다.

10. 아이가 자신의 능력을 객관적으로 볼 수 있도록 도와준다

아이가 자신의 능력을 잘못 알고 있다면 엉뚱한 기대를 할 수 있고, 그런 비현실적인 기대 때문에 실패하게 된다. 또 기대에 훨씬 못 미치는 결과가 나오면 좌절할 수밖에 없다. 자신의 능력을 정확히 알면 현실적인 기대를 하게 되고, 대체로 기대한 만큼의 결과를 얻고 노력한 보람을 느낄 수 있다. 또 실패해도 그렇게 실망스럽지 않다. 어느 정도의 실망과 불만은 불가피하지만 고통과 슬픔에 휘둘리지는 않는다. '오늘 얼마나 잘했다고 생각하는가?', '너의 능력이 어느 정도라고 생각하는가?' '얼마나 노력하고 있다고 생각하는가?' '즐기면서 하고 있는가?' '목표는 무엇인가?' 등등의 대화를 통해 아이가 스스로의 능력을 객관적으로 바라볼 수 있게 도와주어야 한다.

제3강 세계관이란?

세계관(World-views)이란? 우리가 세상을 바라보는 견해(views)이다. 이 세상의 모든 사람은 개개인의 세계관이 있다.

세계관을 의미하는 독일어 Weltanschauung은 '세계'를 뜻하는 'Welt'라는 말과 마음이나 정신적인 직관을 의미하는 'Anschauung'이라는 말이 합쳐진 것이다. 세계관이란 실험적 탐구나 이론적 구성이라기보다는 직관적, 관조적 의미를 갖는다. 즉 세계관은 개별 사물의 연구로부터 귀납적 결론을 얻으려는 태도나 합리적 고찰과 입증을 중요시하는 연역적 방법이 아니라 인식의 기본 틀 자체이기 때문에 합리나 논리보다 체험 또는 직관과 관조에 더 가깝다고 할 수 있다.

세계관을 연구하기 위하여 Walsh(Brian J. Walsh)의 The Transforming Vision(그리스도인의 비전)의 4가지 질문을 알아보아야 한다.

1. 우리는 어디에 있는가? (에덴은? 중세시대는? 근대시대는? 우리의 약속의 신세계는?)

2. 우리는 누구인가? (정복자? 야만인? 독재자? 고립된 종교인? 부를 누리는 자?)

3. 우리 주변에서 일어나는 일들 중 무엇이 잘못되었나? (선과 악, 지배와 피지배, 질병)

4. 지금의 어려움을 어떻게 해결할 것인가? (정치, 경제, 윤리, 힘의 원리, 개발의 원리)

위 4가지 질문을 따라 'We'(우리)에서 'I'(나는)로 바꾸어 질문에 답하기 바랍니다.

1._____

2._____

3._____

4._____

세계관은 세계에 대한 인식 또는 판단의 기본 틀이라는 점에서 안경 혹은 콘택트렌즈에 비유될 수 있다. 단지 안경은 가시적 대상을 인식하는 데만 영향을 미치지만 세계관은 모든 세계를 인식하는 데 영향을 미친다. 세계관은 바꾸거나 고칠 수 있어도 완전히 벗어버릴 수 없는 안경과 같아서 누구나 세계관을 통해 가시적, 비가시적 세계를 보고 인식하게 된다. 성경적 세계관에서는 미로(거울)와 윈도우(창문)의 법칙을 사용한다. 거울은 성경으로 자기 자신을 보는 것이며, 창문은 성경으로 우리 주변에서 일어나는 일을 바라보는 것이다.

A. "성경적 인간관"

성경에서는 인간관을 3가지로 나누어 말해 준다. 첫째, 창조적 인간관은 우리는 하나님의 창조물로서 본질적으로 하나님만 의존할 수밖에 없는 존재이고 하나님을 떠나서는 삶을 살 수밖에 없는 존재임, 둘째, 타락된 인간관은 인간은 아담의 범죄로 인하여 타락한 결과 하나님의 형상을 완전히 상실하고 죽음에 이르게 된다는 것, 셋째, 구속된 인간관은 전적으로 타락된 인간의 구원은 인간의 노력이

나 행위에서 오는 것이 아니고 오직 하나님의 은혜로만 가능하다는 것이다.

성경적 인간관을 알기 위해서는 그리스도인이 된다는 것(Became a Christian)에 대한 이해가 필요하다. 그리스도인이 된다는 것은 육, 영혼이 오직 그리스도께만 속한다는 것이다. 그리스도인이라면 그리스도를 모시고(In Christ) 사는 자들이며 성경을 삶의 척도, 표준(canon)으로 삼고 사는 자들이다 이는 곧 모든 것들의 중심을 성경적 눈을 통하여 보는 자들이다. 일반적 세계관이 어떻게 성공하느냐? 에 초점을 두는 반면 기독교적 세계관의 성경적 인간관은 '어떻게 하나님을 기쁘게 해드리는 것."이다. 즉 세상에서의 성공이란 권력, 영향력, 경제력, 명성 등을 의미하나 이 모든 것은 영원하지 않으며 결국 부패하게 될 때 기독교는 그것을 지적한다. 세상의 많은 사람들은 일반적으로 세상의 잣대와 출세의 기준을 두고 살아가며 동조함으로써 큰 불편 없이 편안함이 종교의 이상인줄 알고 살아가지만, 그리스도인들은 세상적 가치관에 동조하며 성공관을 따라감이 아니라 오히려 저항하여야함은 성경이 다음과 같이 말하여 주기 때문이다. "너희는 이 세대를 본받지 말고 오직 마음을 새롭게 함으로 변화를 받아 하나님의 선하시고 기뻐하시고 온전하신 뜻이 무엇인지 분별하도록 하라"(롬 12:2)고 가르친다. 그러므로 성경적 세계관은 이 세상에 살면서도 세상에 속하지 않는 삶, 즉, 세상 사람들과 다르게 사는 삶을 의미한다. 그리스도인으로 살기 위해서는 하나님의 음성에 귀 기울이며 성경을 이해하고 성경의 교훈(하나님의 계명)에 순종해야 한다.

성경적 세계관을 추구하는 그리스도인들의 세계관은 하나님께서는 우리의 모든 것을 주관하시는 분이기에 그리스도인들은 하나님께서 하시는 일에 순종하며 따라가기 위해 기도와 성경을 읽어야 하는 깃이다. 성경적 세계관에서 그리스도인들은 기도와 성경으로 오던 길을 멈추고 회개하는 것이 당연한 것이고 깊은 회개를 통해 지금까지 와는 다른 삶을 살아야한다. 이와 같은 세계관이 성경적 세계관이기에 세상적 세계관과는 다른 것이다.

B. 올바른 세계관이 필요한 세 가지 이유

첫째, 올바른 세계관은 투명함과 합리성이 필요하다. 인간은 본성적으로 자기의 행동을 정당화시킬 수 있는 일관성 잇는 근거가 있을 때 비로소 마음의 안정을 갖는다고 한다. 실상 인간은 자기 합리화를 우선으로 하며 자기의 주장이 받아들여질 때 자기 위치를 발견한다.

동양적 사고에서는 선과 악은 궁극적 차이가 없고 그것들은 순전히 상대적이라 한다. 동양적 사고에서는 상과 벌이 명확하지 않은 경우가 종종 있다. 또한 자기 위치와 권력의 구조에 따라 잘못을 반영하지 않는 경우가 많다.

2007년 한국을 뒤집어 놓은 가짜 학위는 자기의 위치를 위한 자기 행동의 모순에서 나온 것이다. 정덕희 씨를 포함해 신정아 전 동국대 교수, 영어 강사 이지영 씨, 인테리어 디자이너인 이창하 전 김천과학대 교수, 김옥랑 전 단국대 교수 등의 잇단 학력 파문은 사회 전반에 걸쳐 결국은 지식인들에 대한 불신 풍조까지 낳고 있다.

둘째, 올바른 세계관은 생동적인 삶을 위해 필요하다. 생동적인 삶은 올바른 생의 의미가 확립될 때만이 가능하며, 의미 있는 인생관은 건전한 세계관에서 나온다. 영어 열정(passion)이라는 단어는 인간에게 주어진 축복의 단어이다. 즉 인간은 하나님은 예배함으로 그 만족을 누리도록 창조되었다. 인간은 누군가를 경배하지 않으면 만족하지 않으면 안 되는 자리가 있다. 사단은 하나님으로만 만족되어

야 할 그 자리를 하나님이 아닌, 술, 약물, 일, 관계, 성 등을 경배하
도록 만든다. 그러나 사단의 궁극적인 목적은 경배의 인간의 경배에
자리에 하나님이 아닌 자신이 서는 것.

셋째, 올바른 세계관은 바른 사고와 행동의 방향을 설정하기 위해
필요하다. 역사상 이 시대만큼 복잡하고 빠르게 변화되고 철학적으
로 해체주의와 이기주의 그리고 다원화된 사회는 없었다. 온갖 이데
올로기와 주장, 이론들로 가득 찬 세계에 살면서 우리들은 매순간
끊임없는 선택의 압력을 받고 있다. 미국의 미래학자 론 탭스코트가
말하는 N세대를 나열해 보자: 현대의 세계관을 나누기 위하여 현대
의 N세대를 연구하면 다음과 같다:

1) 강력한 독립성.

2) 정서적이고 지성적인 개방성.

3) 포괄성

인터넷 때문에 생긴 글로벌시대의 대표적인 특징.

인종차별, 학연, 지연 등의 문화를 벗어난 포용성이다.

4) 자유로운 표현과 강력한 관점.

5) 혁신: 그들은 수동적인 것을 싫어하고 개혁적이다.

6) 성숙함을 갖춘 몰두

어떤 것에 몰두하는 것을 즐긴다.

신앙을 위하여 교회와 하나님의 영광을 위하여 지켜야 할 것은
지킬 줄 아는 자들이다.

7) 탐구성

N세대는 정보를 수용할 수 있기 때문에 자신이 연구자가 되기
를 위해 노력한다. 그들과 더불어 나가기 위해서는 설교나 교
회 프로그램이 일방적이어서는 안 된다.

8) 즉각성

이전 세대처럼 자신이 알고 있는 것을 가지고 있기만 하려고 하지 않는다. 그들은 자신이 가지고 있는 것을 표현하고 실천하는 세대이다. 이들에게 하나님을 사랑하고 이웃을 사랑하라는 계명을 지킬 줄 알게 해야 한다. 이들이 가지고 있는 실천성은 이전 시대에 한국교회에 없었던 아름다운 신앙인으로 성장할 수 있는 이들이다.

9) 공동 관심사에 대한 민감성.

10) 증명과 신뢰

모든 정보는 표출되어 있다. N세대는 자신이 가지고 있는 정보와 상식을 다른 정보를 통하여 증명하여 신뢰를 하게 되며 그를 바탕으로 무장을 하게 된다.

〈강의 특강〉 성경에서의 죽음의 의미

인간이란 무엇인가? 인간의 삶과 죽음을 논하기 전에 우리는 인간은 하나님 형상적 존재임을 고백하여야 한다. 모든 만물에 처음과 끝이 있음은 같을 수 있으나 인간이 갖는 가장 고귀한 특성은 인간은 모든 피조물과 달리 하나님의 형상을 따라(in God's image), 하나님의 모양대로(after God's likeness) 창조되었다(창 1:26-27). 그리고 하나님의 반응은 "하나님이 보시기에 좋았더라" 창조의 첫 인류 아담과 하와는 무흠(無欠)한 상태였으나 하나님이 금하신 선악을 알게 하는 나무의 열매를 먹고 죄를 범함으로써 타락했다. 이러한 타락의 결과는 죽음이라는 것이다. 즉 타락은 인간의 영적, 지적, 심적, 육체적 파괴다.

1. 인간이 죽으면 어떻게 될까요?

죽음에 대한 시각은 크게 3가지로 나누어 볼 수 있다.

첫째, 윤회를 믿는 부류, 둘째, 죽은 뒤 또 다른 세계로의 생을 유지하는 부류와 셋째, 유물론적 견해 즉 죽음을 소멸 (消滅)이라고 보는 견해이다. 그중에서 우리는 유물론에 근거한 죽음의 견해가 21세기 현대 철학 사조에 자리 잡고 있음을 알고 있다. 이는 종교성을 부인하는 자들 즉 대표적으로 불교, 힌두교, 기독교의 종교를 배제한 탈 종교자들 (무신론자 또는 범신론자들과는 별개)의 주장과 철학이 지배적이기 때문이다. 현대인들의 철학(해체주의) 자들 중 유물론자들의 견해에 따르면 인간역시 신이 만든 창조물중 하나의 동물일 뿐이고 동물에는 유한계의 생의 마감이 있다. 그래서 기독교에서 동물들이 죽으면 생의 끝이라 하듯이 인간도 목숨이 끊어지면 소멸되어

버리고 만다는 것이다. 즉 기독교에서 주장하는 동물이 죽으면 죽음
이후의 생이 없다 주장하듯 인간도 동물의 하나이기 때문이다. 또한
그들은 불교의 윤회사상 또한 거부하는 것이다.

유물론자들의 죽음의 견해는 실상 어느 면에서 보면 기독교적 사
고에서 나왔다고 할 수 있으나, 기독교에서 "동물은 영혼을 가지고
있지 않다."고 말하는데 반하여 유물론자는 "인간은 동물이다. 따라
서 인간 역시 죽음 뒤에는 끝이 나는 것이며 결국 영혼을 가지고 있
지 않다."고 한다. 이와 같은 사조는 현대 21세기 철학 과 생물학,
의학, 심리학 등에서는 암시적이든 노골적이든 이 견해를 당연한 것
으로 여기고 학문에 임하고 있는 실정이다.

2. 왜 인간은 이렇게 삶과 죽음에 고민할까요?

아무리 많은 나쁜 일을 하여도 반대로 아무리 좋은 일과 많은 것
을 누려도 죽음은 피해 갈 수 없는 것이기 때문이다. 또한 현대의
불가지론을 주장하는 많은 사람들은 죽음 후에는 그 누구도 확실하
게 말할 수 없다 하기 때문이기에 누구나 다 공포를 가지고 있다.
그러하기에 불교나 힌두교의 세계관에서는 사망을 끝없는 윤회의 한
단계로 본다. 선한 일, 남을 돕고 보살피고 나눠 준 사람은 다시 사
람으로 태어난다.

3. 생명의 본질과 목적은 무엇일까요?

불교와 힌두교에서는 윤회적 사망관은 근본적으로 사람과 동물의
차이를 없앤다는 점에서 다분히 현대 진화론과 같은 것이기에 그들은
생명을 돌고 도는 윤회적이며 진화적인 우연으로 본다. 그러나 성경

적 세계관에서는 영생입니다. 그 무엇도 여기에 부정할 수 없습니다.

생명의 본질은 '영원히 끊이지 않고 살아가는 것' 바로 '영생'입니다.

윤회라는 것은 죽은 자가 다시 살아나고 되풀이하는 방식이 아니라 범신론에서 말하는 윤회는 동물로도 태어나고 사람이 산신도 된다는 자연만물과 동일시하는 사상입니다.

이런 사상은 힌두교의 경전 베다경 우파니사드에 기록된 것이 원조 사상이라 할 수 있습니다.

성경적 세계관은 어떻게 말하는가?

만일 사후세계가 없다면 바울사도가 말한 '부활이 없다면 너희의 믿음도 헛것이요'라는 말같이 우리의 믿음도 헛것이 될 것입니다. 또한 사후세계가 없다면 종교도 필요 없게 됩니다. 인간은 죽음으로 끝나는 허무한 존재가 되고 맙니다. 사후세계가 없다면 윤리도덕도 소용없습니다. 인간의 삶의 가치도 없습니다. 목적도 소용없습니다. 존재가치도 없습니다.

(기독교적 세계관 양승훈 저 pp.134 - 135)

성경에서는 죽음에 대하여 무엇을 말하고 있는가? 첫째, 기독교 세계관에서는 죽음이란 하나님에 대한 인간의 죄로 인하여 왔다고 본다. 죄는 인간과 인간 사이에서 발생한 문제가 아니라 근본적으로 하나님과 인간 사이의 문제에서 비롯된 것이다. 죄의 기원에 대하여 사도 바울은 매우 명쾌하게 말한다. "이러므로 한 사람으로 말미암아 죄가 세상에 들어오고 죄로 말미암아 사망이 왔나니 이와 같이 모든 사람이 죄를 지었으므로 사망이 모든 사람에게 이르렀느니라"(롬 5:12). "죄의 삯은 사망이요……"(롬 6:23). 사도 야고보도 "욕심이 잉태한즉 죄를 낳고 죄가 장성한즉 사망을 낳느니라"(약 1:15)고 했다. 죽음은 천지를 창조하신 히니님의 원래 계획이 아니며 인간의 죄로 인해 왔다.

둘째, 죽음은 소멸이 아니며 죽음 후의 세계가 있다. 흔히 말하는 죽음은 영과 육의 분리를 가리키지만 성경은 또 한 번의 죽음이 있음을 말하고 있다. "한 번 죽은 것은 사람에게 정하신 것이요 그 후에는 심판이 있으리니"(히 9:27). 즉 육체적으로 한 번 죽는 것은 하나님께서 모든 사람에게 정한 것이나 그 후에는 선악 간에 하나님의 공의로운 심판이 있다. 만일 인간의 존재가 죽음으로 소멸되고 인간의 운명이 죽음으로 끝난다면 기독교적 신관은 심각한 도전에 직면하게 된다. 악인과 성자가 무덤에 의하여 평등하게 된다면 하나님은 존재하지 않거나 존재한다고 할지라도 공의로운 분이 아니기 때문이다. 성경은 명백하게 우리가 하나님 앞에서 선악 간에 심판받을 것임을 말하고 있다.

셋째, 죽음은 절망이 아니며 죽음의 문제는 예수 그리스도 안에서 이미 해결되었다. 하나님은 죄로 죽은 인간을 사랑하여 자기의 독생자를 십자가에 죽게 함으로써 인간에게 영생의 길을 주셨다. "하나님이 세상을 이처럼 사랑하사 독생자를 주셨으니 이는 저를 믿는 자마다 멸망치 않고 영생을 얻게 하려 하심이니라"(요 3:16). 예수님은 이 세상에 오셔서 죄와 사망의 종노릇하는 우리를 해방시키셨다. 예수님은 "또 죽기를 무서워하므로 일생에 매여 종노릇하는 자들을 놓아 주려"하신다(히 2:15). 예수님께서 사망의 권세를 이기시고 부활하셔서 모든 잠자는 자들의 첫 열매가 되셨기 때문에 이제 우리는 사도 바울과 같이 "사망아 너의 이기는 것이 어디 있느냐 사망아 너의 쏘는 것이 어디 있느냐"라고 사망을 조롱할 수 있게 된 것이다(고전 15:55).

넷째, 죽음 후의 세계는 독립적인 것이 아니며 이 땅 위에서의 삶과 밀접한 관계가 있다. 아무리 하나님께서 영생의 길을 예비하셨다고 해도 세상에 사는 동안 하나님의 사랑을 거부하는 사람들은 영원한 형벌에 처하게 된다. 하나님의 심판은 독생자 예수 그리스도를 믿는 믿음뿐 아니라 그 믿음이 살아 있는 믿음임을 보여주는 행위(마 7:21, 약 2:14-17)에 따라 이루어진다. 심판은 창조주이며 동시에 심판주이신 하나님의 고유한 권한이다. 그리고 그분의 심판은 완전한 공의에 기초해 이루어지며 인간은 그 심판의 결과에 승복해야 할 따름이다.

세상의 모든 신앙들과 '주의들'(-isms) 중에서 오직 기독교만이 죽음을 정복된 것으로 본다. 왜냐하면 기독교 신앙은 예수님이 무덤에서 부활하시고 이제로부터 하늘에 영원히 살아 계시다는 사실에 의존하고 있는 산 소망이기 때문이다. 그 소망은 예수께서 다시 오실 때, 곧 역사가 중단되고 이 세상이 끝나는 날에 그분은 "우리의 낮은 몸을 자기 영광의 몸의 형체와 같이 변케"하실 것이다(빌 3:21, 참조-요일 3:2). 이 소망은 그분의 강림 때 살아 있는 그리스도인들뿐만 아니라 그리스도 안에서 죽은 모든 자들을 포함하고 있다. "무덤 속에 있는 자가 다 그의 음성을 들을 때가 오나니 선한 일을 행한 자는 생명의 부활로" 나올 것이다(요 5:28-29). 또한 몸의 부활은 나의 일부가 아니라 나의 전체로서의 '온전한 인격', 즉 하나님께서 지니고 계신 활동적이며 창조적인 그리고 불멸의 생명을 소유한 온전한 인격체로서의 회복을 의미한다.

〈강의 특강〉 세계관: 기독교 윤리

　기독교적 세계관에서는 윤리에 대하여 일관되게 유신론적 기초를 제공한다. 첫째, 하나님은 초월적이고 주권적이며 인격적이고 도덕적이다. 성경은 분명히 삼위일체 하나님이 자율적이며 자충족적인 도덕의식을 갖고 있음을 보여주며 만일 이것을 부정한다면 인간의 도덕의식은 허공 속에서 방황하게 된다고 말해 준다. 기독교적 세계관에서 도덕은 불변하는 하나님의 속성에 근거하고 있으므로 도덕의 표준을 하나님께 둔다. 그리고 윤리는 초월적 기원을 가지며 시대나 지역, 민족에 따라 변치 않는다고 보기 때문에 근본적으로 상황 윤리를 부정한다.

　* 상황윤리(situational ethics). 낙태, 핵, 전쟁, 폭력의 정당성, 약물 사용 등이 세상에 대해서 기독교인은 악이 지배하고 있는 듯이 보이지만 그 악은 결국 하나님의 심판 아래 있으며 궁극적으로는 하나님께서 완전히 파괴하시리라는 희망적인 견해를 또한 가지고 있다. 심판주 되시는 하나님께서 도덕적인 분이기 때문이다.

　둘째, 인간은 하나님의 형상대로 지음받았기 때문에 다른 동물들과 달리 도덕적인 가치와 선택을 수용한다. 인간은 자신의 선택에 의해 도덕적인 존재가 된 것이 아니라 아예 처음부터 도덕적인 책임을 지는 존재로 지음받았다.

　인간은 하나님의 형상대로 지음받았다. 그러나 인간은 아담의 타락 이후 하나님의 형상을 잃어버렸을 뿐만 아니라, 사탄의 영향 아래에 들어가게 됨에 따라 질병의 공격을 받게 되었다. 인간이 병들고 타락하는 것은 하나님의 본래 의도와는 반대되는 것이었다. "예수님의 모든 치유 활동의 밑바닥에 깔려 있는 사상은 질병이 하나님께서 세우신 만물의 질서의 일부가 아니라는 것이다. 그 결과 환자를 대할 때마다 고통받는 자를 고치심으로 질병에 대처했다." 예수님의 공생애 3년 동안의 사역을 보면 천국 복음을 전파하시고, 가르치시고 그리고 치료하심을 볼 수 있다. 즉 그분은 질병을 고치사 건강함과 자유함을 주심을 볼 수 있다. "예수께서 온 갈릴리에 두루 다니사 그들의 회당에서 가르치시며 천국 복음을 전파하시며 백성중의 모든 병과 모든 약한 것을 고치시니 그의 소문이 온 수리아에 퍼진지라 사람들이 모든 앓는 자 곧 각종 병에 걸려서 고통당하는 자, 귀신들린 자, 간질하는 자, 중풍병자들을 데려오니 그들을 고치시더라."(마4:23-24). 이것은 곧 하나님의 형상 회복을 목표로 한 것이었다.

예수께서 육체의 고통을 물리쳐 줌으로써 마음의 평안을 찾게 하고, 하나님의 뜻을 발견하게 하고, 참하나님의 형상을 회복받게 하신 것이다. 예수님이 "하늘에 계신 너희 아버지의 온전하심과 같이 너희도 온전하라."(마 5:48)고 하신 것은 하나님의 형상 회복을 염두에 두고 하신 말씀이라고 볼 수 있다.

예수님은 신체적 치유와 함께 죄 사함의 선포를 하시고 죄짓지 말 것을 경고하셨다(눅 5:20; 요 8:1). 이것은 치유의 과정을 통해 인간이 속해 있는 악의 세력에까지 소급하여 영적 승리를 선포하시므로 하나님의 형상을 회복받은 백성으로 살아가도록 하기 위함이었다. 따라서 성령의 치유는 인간의 하나님의 형상 회복을 향한 분명한 목적을 가지고 있는 것이다.

셋째, 인간이 거룩해야 하는 이유는 인간을 시으신 하나님이 거룩하라고 명령하시기 때문이다. 성경은 말해 준다. 인간이 죄를 짓기 전에는 인간은 영혼, 육의 완벽한 평형 가운데 하나님의 형상다운 모습으로 살았다. 그러나 타락함으로, 즉 하나님과의 관계가 깨짐으로 인간에게 고통, 질병이 생기게 되었으며, 자신의 내적인 조화도 깨어지게 되었다. 하나님과 단절된 인간의 영은 사단의 침입에 노출되었다.

(고후 4:4, 요 8:11) 성령께서는 인간의 영에 권위를 가지고 하나님의 형상된 인간의 모습을 회복하고 싶어 하신다. 인간의 영이 하나님과 교제할 때 인간의 감정과 육은 성령 안에서 지배되어진다. 그러나 하나님과의 인간과의 교제가 깨어졌을 때 사람들의 단독적인 의지, 냉철한 지성, 강렬한 열정 등으로 영으로 움직이는 사람이 아닌 육체의 충동과 본능에 따라 움직이게 되었다. 인간이 하나님으로부터 떨어져 나감으로 불순종함으로 인간 사이에 부적절한 삶을 살게 되었다.

이처럼 불순종은 "죄"의 원인이며 결과이기도 하다. 기독교적 윤리의 근본적 질문은 "죄란 무엇인가?" 또한 "죄는 인간에게 어떤 결과를 가져 다 주는가?"에 초점을 맞추어야한다.

기독교 윤리에서 지적되는 탈선은 곧 하나님과의 관계에서 멀어짐이며 하나님의 계획하심을 벗어나는 것이다. 즉 "죄"란 단어는 신약 성경에서 "과녁을 빗나가다"로 사용 되었 듯 여기서 과녁은 하나님이다. 우기가 죄를 지을 때, 우리의 삶, 우리의 모든 결정과 행동은 하나님이 우리에게 원하시는 과녁을 벗어난다. 즉 죄는 우리와 하나님을 단절시키며 우리와 하나님과의 교제를 깨는 것이다. 기독교적 세계관의 윤리를 추구한다면 성경에서 사도 바울의 좋은 충고를 받아들여야한다. "또한 너는 청년의 정욕을 피하고 주를 깨끗한 마음으로 부르는 자들과 함께 의와 믿음과 사랑과 화평을 따르라"(딤후 2:22).

기독교인들의 부적절한 행위에 대한 나의 의견을 나누어 보라.

윤리에 어긋난 "죄책감"에 대한 나의 의견을 나누어 보라.

제4강 기독교적 세계관: 성경

　기독교적 세계관이란? 그리스도인이 가진 세계관임에 두말할 나위 없다. 이는 기독교인이 가진 인생관이며, 인생관에는 이론(theory)과 실천(ortho praxis)이 병행하게 되어 있다. 즉 인생관에는 그들이 무엇을 믿고(형이상학) 무엇을 중요하다고 생각하며(가치관), 무엇을 옳게 여기며(인식론), 무엇을 위해 일하는가(목적론)? 담겨 있다. 그러나 기독교 세계관의 근거는 기독교인의 세계관(Christian's world -view)이며 이는 성경에 근거한 세계관이기에 성경적 견해(biblical perspective)를 가지고 세계를 보는 세계관일 수밖에 없다. 이는 곧 기독교인들이 하나님의 세계를 바라보는 견해이며 그 모든 것은 하나님의 말씀 안에 드러나 있다. 21세기 세계관을 연구하는 그리스도인들은 성경의 목적, 성경의 주제를 이해하여야 한다.

I. 성경이란 무엇인가?

　1. 성경의 목적은 하나님의 사람을 온전케 하는 데 있다(딤후 3:16).

　2. 성경의 주제:
　성경은 구원의 책이기에 성경의 중심 주제는 예수 그리스도이다. 아브라함과 다윗의 자손(예수 그리스도)의 세계라(마태복음 1:1) 요 1:1. "태초에 (말씀)이 계시니라 이 말씀이 하나님과 함께 계셨으니 이

(말씀)은 곧 하나님이시니라." 말씀, 즉 (The Word)는 원어로 '로고스' 예수 그리스도이며 성경의 주제는 예수 그리스도임을 증거 한다.

3. 성경의 개관

	구 약	신 약	계
권 수	39권	27권	66권
장 수	929장	260장	1189장
절 수	23,026절	7967절	30,993절
기록 기간	1500년	100년	1600년
기록 저자	26명	9명	35명
기록 언어	히브리어, 아람어	헬라어	

A. 하나님의 말씀인 성경은 어떤 경로로 전해졌을까 생각해 봅시다.

글로 되지 않았을 때	입으로 후손들에게 하나님의 말씀을 전했어요.
기원전 3000년경	나무껍질이나 진흙, 양초에 써서 하나님의 말씀을 전했어요.
모세를 부르셨을 때	돌에 새겨서 하나님의 말씀을 전했어요.
기원 후 100년	짐승 가죽을 책처럼 잘라서 여러 장을 겹쳐 꿰매 만들어 하나님의 말씀을 전했어요.
초대교회 때의 사람들은	가죽에 하나님의 말씀을 적어서 한 사람이 성경을 읽으면 다른 사람이 들었어요.

B. 중세시대 사람들은 어떻게 전했을까요?

중세 때	성경에 나오는 인물을 그림으로 그리고 창문을 장식함으로써 하나님의 말씀을 나누었어요.
1250년	종이 인쇄술이 발달되어 유럽 땅에 하나님의 말씀이 종이에 적혀 전해지게 되었어요.
1450년	독일의 구텐베르크가 인쇄기를 발명하여 책으로 하나님의 말씀이 대중에게 보급되었어요.

C. 근대시대 사람들은 어떻게 전했을까요?

라틴어 번역	제롬이라는 사람이 히브리어 구약을 라틴어로 번역을 했어요. 이것을 'Valgate, 불가타역'이라 합니다.
각 나라 말로	라틴어를 모르는 나라들은 복음을 알기 위하여 각 나라별로 바꾸었어요(독일어, 영어, 프랑스어 등).
한국어로 번역된 성경	토마스 목사님이 한국에 도착 평양에서 성경 말씀 전파하다 순교한 뒤 로스 목사님이 13년 만에 한국어로 성경을 번역하여 전해지게 되었습니다.

Ⅱ. 하나님에 대하여(신론)?

성경은 하나님의 속성 중에 가장 많은 부분을 "하나님은 사랑이시라"(요한1서 4:7-10), 하나님은 "은혜로우신 분"(엡 2:8), "하나님은 선하신 분"(시 136:1), "하나님은 인자하신 분"(시 136:2), "하나님은 거룩하신 분"(신 7:9) 등으로 고백되어진다.

Ⅲ. 예수님에 대하여(기독론)?

예수님은 선지자이시며, 대 제사장이시며, 또한 왕이 되신다. 예수님이 하나님이심에도 스스로를 '인자'라고 부르신 이유는 "그가 진정 인간의 씨로 나온 참사람이 되심을 분명히 가르치기 위함(종교 개혁자 칼뱅의 글)"이셨기 때문이다. 예수님은 하나님과 우리 사이의 유일한 중보자 되시기에 우리를 위하여 일하셨다.

Ⅳ. 죄에 대하여(인간론)?

죄는 어원적으론 표적을 맞추지 못하는 것과 표적에서 빗나가는 것(출 20:20) 패역 또는 뒤틀림(악하게 행함 삼상 26:21), 길에서 빗나가는 것, 하나님의 영광을 가리는 것(롬 8:7). 성경은 어떻게 죄가 시작되었는지 보다 인류의 죄의 기원에 대해 관심을 갖는다(약 1:13-14).

V. 성령님에 대하여(성령론)?

성령님은 성부 하나님과 성자 하나님과 동격이신 하나님이다. 성령 하나님은 지, 정, 의를 가지고 계신 완전한 인격체이다.

노만 가이슬러(Norman Geisler)는 성령님에 대하여 다음과 같이 설명한다. 성령님은 삼위일체 하나님의 제3위인 분이시다. 그분은 생각하고 느끼며 의지를 갖고 행동하신다. 그분은 지성적 존재로서 우리를 가르치고 인도하며 지시하는 독립적 존재이시다. 성경은 우리가 그분의 마음을 아프게 만들어 슬퍼하시게 만들 수 있다고 말한다. 그분은 자신의 의지에 따라 은사들을 주신다고 한다. 그러므로 우리는 그분이 인격적 존재의 모든 속성들, 즉 지성과 감성과 의지를 가진 분임을 알 수 있다.

성령님은 성경에 영감을 불어넣으셨다. 그분은 우리가 성경 말씀을 읽거나 들을 때 그 말씀을 깨닫도록 빛을 비추어주신다. 또한 우리가 그 말씀을 삶에 적용하도록 도우신다. 그분은 삼위일체의 한 위(位)이시며, 성부 및 성자와 동등하시다. 삼위의 사역은 구별된다. 성부는 계획하시고 성자는 성취하시며 성령은 적용하신다. 세분이 각각 자기의 사역을 감당하심으로써 하나님의 뜻을 이루어내신다.

예수님은 "그가(성령님이) 와서 죄에 대하여, 의(義)에 대하여, 심판에 대하여 세상을 책망하시리라"(요16:8)고 말씀하셨다. 성령님은 우리의 죄를 깨닫게 하시고 우리를 거듭나게 하시고 하나님의 생명을 주신다. 우리가 거듭난다는 것은 우리가 성령으로 난다는 말이다. 거듭난 사람 안에는 성령님이 거하신다. 우리가 그분께 순종할 때 그분은 가르치고 지시하며 충만케 하신다.

성령님과 그리스도의 차이는 무엇인가? 그리스도는 몸을 가지시지만, 성령님은 몸을 갖지 않으신다. 성령님은 영이시기 때문에 신성만을 가지신다. 우리는 그분을 만지거나 볼 수 없으며, 느낄 수도 없다. 다시 말해, 우리는 오감(五感)을 통해 그분을 알 수 없다. 그러나 그렇다고 해서 우리가 그분을 전혀 알 수 없다는 말은 아니다.

히브리어 단어는 '성령'을 다양한 다른 이름과 상징으로 표현한다. 그러나 잊지 말아야 할 것은 '성령'은 '하나님의 영'이다.

성령님은 우리가 하나님을 친밀한 아버지로 느끼도록 도와주신다. 성령님을 보다 가까이 느낄 수 있는 좋은 방법은 그분과 예수님이 한 분이라고 생각하는 것이다. 성령님을 느끼기 어려우면 구원자 예수님을 떠올리시면 된다. 성령님과 예수님은 따로 떼어서 생각할 수 없기 때문입니다. 성경은 성령 하나님의 주요 상징이 다양합니다. 예를 들어서 비와 이슬비(시 72:6), 비둘기(마 3:16), 생수(요 7:38), 불과 등불(행 2:3), 기름(요일 2:27).

기독교 세계관이 성경적 세계관이라 할 때 성령의 내적 증거가 있을 때 이 모든 것이 믿음으로 받아들여질 수 있다. 그러므로 성령의 인도와 성령의 조명 사역을 인정할 때 성경이 무오한 절대적 하나님의 말씀으로 믿어진다.

기독교 세계관 : 성령의 교육적 사역

성령과 교육의 관계는 불가분의 관계이다. 기독교 교사가 비록 작고 보잘것없는 교육행위자라고 할지라도 분명한 목적을 가지고 성령

의 도움의 필요성을 인정하고 그것을 기대하고 수용하는 믿음이 있
을 때 그 교육현장은 생동감이 넘치고 변화가 이루어지는 산 교육이
될 것이다.

오늘날 발달된 교육 원리와 방법과 재료가 많이 있고 수많은 교육
프로그램이 훌륭하게 구성되어 있으면서도 여전히 교회 교육이 딱딱
하고 생활과 관련이 없는 무기력한 것이 되어 많은 청소년들이 교회
를 떠나는 이유는 어떤 사회적 현상이나 교회의 제도적 결함보다도
그 교육현장에 성령의 역사가 부재하기 때문이라고 본다.

헤롤드 드와프(L. H. Dewoff)는 그의 책 『Teaching Our Faith』에
서 기독교 교육에 있어서의 성령의 절대적 필요성을 천명하고 있다.

"기독교 교육의 전체 과업은 성령을 통한 신앙의 표현이다. 기독교
교육을 위한 총체적인 책임을 맡은 참된 교사는 실로 다름 아닌 성령
이신 것이다. 기독교 교육의 교사로 불리는 그 인간의 존재는 다만
성령이 그를 통하여 그의 뜻을 이루고자 역사하시는 증거자에 불과한
것이다. 참된 증거자가 되기 위해서는 그 증거자의 모든 기능과 사랑
과 정열이 필요에 맞게 사용되어야 한다. 그리고 거기서 한 가지 더
요구되는 것은 현존하시는 상담자인 성령을 믿는 신앙이다."

본서에서는 기독교 교육에 있어서의 성령의 역할을 교육적 사역과
교육적 은사로 나누어, 전반부에서는 성령의 직접적인 교육사역을,
후반부에서는 인간교사를 통한 성령의 간접적인 교육사역을 고찰하
여 보고, 성령의 '교육적 사역'에 대해서는 교사로서의 성령의 명칭
과 성령 교사(Holy Spirit teacher)의 교육 및 그에 관련된 사역들에
대하여 살펴보고, 성령의 '교육적 은사'에 대해서는 가르침의 은사와
그에 관련된 은사들을 살펴본다.

신적 교사로서의 성령의 역할

로의 적크(R. B. Zuck) 교수는 그의 책 『Spiritual Power in Tour Teaching』에서 기독교 교육을 다음과 같이 정의하고 있다.

"기독교 교육은 학생들의 삶에 적용되는 하나님 말씀의 상호작용의 과정"이라고 했다. 복음적인 기독교 교육은 그리스도 중심적이며 성경에 근거한 것이어야 하며, 성령의 능력을 통한 교육행위여야 한다. 그것은 학생들로 하여금 그리스도께로 인도하며 그리스도 안에서 그들을 견고케 하는 것을 목적으로 한다.

기독교 교육의 한 요소인 교사의 절대적 중요성은 아무리 강조해도 지나치지 않을 것이다. 일반적으로 우리는 기독교 교육에 있어서의 교사를 인간교사로만 생각하기 쉽다. 그러나 인간교사 이외에 보이지 않는 신적교사, 즉 성령교사의 필요성과 중요성에 대해서도 소홀히 할 수 없는 것이 사실이다. 이 사실에 대한 무관심이야말로 기독교 교육을 실패로 유도하는 가장 큰 요인이 된다고 할 수 있다.

하나님의 말씀인 성경은 교사로서의 성령에 대해서 무엇을 말해 주며, 그리고 그의 교육사역은 성령의 또 다른 사역들과 어떤 관계를 형성하고 있는지에 대해서 살펴본다면 아마도 인간교사들이 하나님의 말씀을 가르칠 때 신적 교사인 성령께 의지하고 함께 참여하는 법을 더욱 잘 알게 될 것이다.

성령교사의 명칭

교육적 활동, 또는 교육에 관련된 성령의 사역은 그의 독특한 명칭에서부터 잘 나타나 있다. 비더울프(W. E. Biederwolf)는 성경에 성령에 대한 언급이 모두 3백 회 정도 나타나 있는데 이 중에서 52가지의 서로 다른 성령의 명칭을 지적하고 있다. 반면에 오스왈드 샌더스(J. O. Sanders)는 성령에 대해 90번 언급된 구약에서 18가지, 254회가 언급된 신약에서 39가지, 모두 합해 57가지의 성령의 명칭이 있다고 주장하고 있다.

이 가운데에서 성령의 교육사역에 관계되는 명칭은 적어도 일곱 가지가 되는데 그것을 소개하면 다음과 같다.

보혜사(*parakelete*, comforter)

이 명칭은 신약성경에 5회 언급되어 있는데 모두 사도 요한의 기록들 속에 나타나고 있다. 요한복음에서는 성령 하나님에 대해 사용되고 있고, 요한일서에서는 성자 하나님이신 예수 그리스도를 말할 때 이 명칭을 사용하고 있다. 흠정역 성경이나 미국 표준역 성경 등에서는 요한복음에서 위로자(comforter)라고 번역했고, 요한일서에는 대언자(advocate)로 번역하고 있다. 그러므로 결국 성령에 대한 보혜사 명칭은 요한복음에 나타낸 셈이다.

다른 영어성경의 번역판에서는 이 명칭에 대해 위로자나 대언자 외에 협조자(helper), 상담자(counseler), 친구(companion), 곁에 서 있는 분, 편을 들어주는 자, 증인, 죄인의 친구 등으로 기록되어 있다.

돕고, 충고하고, 상담해 주는 역할을 분명히 전통적인 교사의 모습이다. 그것은 포괄적인 의미에서 성령의 가르치는 사역을 대변해 준다. 그런 의미에서 로이 적크는 'paracletos'라는 헬라어 단어가 'comforter' 보다는 'helper'라는 번역에 더 타당하다고 주장한다.

왜냐하면 다른 보혜사(another comforter)라는 말에서 우리는 그리스도 자신도 한 분의 보혜사였음을 알 수 있는데(요 14:16), 그리스도를 위로자, 위안자라고 부르는 것은 그리스도의 인격에 관한 개념을 한 분의 위로자에 그치게 하는 것이 되기 때문이다.

그리스도께서는 'paracletos'가 제자들에게 그리스도에 관한 일을 보여주고, 장차 도래할 일들을 포함한 모든 것을 가르치는 사역을 대변해 준다. 그러한 의미에서 적크는 영어에서 'parakletos'라는 단어가 'comforter'보다는 'helper'의 번역이 더욱 타당하다고 주장한다. 왜냐하면 다른 보혜사라는 말에서 우리는 그리스도 자신도 한 분의 보혜사였음을 알 수 있는데 그리스도를 위로자(comforter)라고 부르는 것은 그리스도의 인격에 관한 개념을 한 분의 위로자에 그치게 하는 것이 되기 때문이다.

그리스도께서는 'paracletos'가 제자들에게 그리스도에 관한 일을 보여주고, 장차 다가올 일들을 포함할 모든 것을 가르치며 과거의 가르침을 기억나게 하고, 그리스도를 증거하며, 그리스도의 부재 시에 제자들을 위로하여 그리스도의 사역을 계속하도록 하나님께서 보내신 분이라고 말씀하셨다.

성령님은 신자들의 'paracletos'로서 약할 때에 후원자가 되시고, 곤란 중에 상담자가 되시고, 환난날에 위로자가 되시고, 무지(無知) 가운데서는 교사가 되시는 것이다.

결국 'paracletos', 곧 보혜사는 광의로 '가르치는 사역'을 행하시는 대표적인 성령교사의 명칭인 것이다.

지혜의 영

영(靈)이란 명칭은 출애굽기 28:3에 처음으로 나타나는데 하나님께서 모세에게 제사장들의 옷을 짓기 위해 "지혜로운 영으로 세우고", "마음에 지혜로운" 제사단들에게 신령한 지혜의 근원이 되셔서 그들로 하여금 맡은 바 임무를 충실하게 수행할 수 있도록 해 주셨다.

브사렐(Bezalel)은 "하나님의 신으로 충만하게 된" 결과 공교한 일을 하기 위한 지혜와 총명의 지식을 가지게 되었고, 이 같은 충만으로 그는 또한 다른 사람들에게 자신의 기술을 가르칠 수 있는 능력도 얻게 되었던 것이다.

신적 또는 인간적 지혜의 근원으로서의 지혜의 영은 교사로서의 성령의 명칭으로서 적절한 것이 아닐 수 없다.

지혜와 총명의 신

'지혜와 총명의 신'은 이사야 11:2에 나타나는 '여호와의 신'에 대한 명칭 중의 하나이다.

'이새의 줄기에서 나온 한 싹'으로서의 그리스도는(11:1) 그의 지상에서의 위대한 사역을 감당하기 위해서 하나님의 영을 덧입으셨던 것이다.

'하나님의 영'을 덧입으신 결과, 그리스도는 지혜, 총명, 모략, 재능, 지식, 그리고 여호와를 경외함을 소유하게 되었다.

상기한 바와 같은 성경에 나타난 능력들은 성령께서 그리스도에게 강림하실 때 주신 은사이며 오늘날 기독교 교사들에게도 성령께서 부분적으로 주시는 은사임에 틀림이 없다.

지혜에 대한 히브리어의 의미는 신중을 암시하고, 총명에 대한 히브리어는 분별과 지각을 암시해 준다. 실제로 총명에 대한 히브리어의 다른 형태가 에스라서 8:16에서는 '교사'로 되어 있다.

모략과 재능의 신

이사야 11:2에 "모략과 재능의 신"이란 명칭은 적절한 계획을 수
립할 수 있거나, 적절한 충고를 제시해 줄 수 있는 은사와 그것들을
외적으로 나타내어 수행할 수 있는 은사를 성령께서 부여해 주신다
는 것을 시사해 주고 있다. 여기에서 모략(counsel)이란 말은 좋은
충고를 해줄 수 있는 능력을 의미하고, 재능(power)이란 그 모략을
수행할 수 있는 능력을 암시해 주고 있다. 성령은 그리스도께 이 모
략과 재능을 주셔서 그리스도로 하여금 '대선생'(master or teacher)
으로서 부족함 없이 교육사역을 감당하도록 하셨던 것이다. 그 성령
께서 오늘날 우리 기독교 교사들에게 동일한 모략, 즉 통찰력과 재
능, 곧 능력을 주시기 원하시는 것이다.

지식과 여호와 경외의 신

성령님께서는 지혜와 총명과 모략과 재능 외에 그리스도께 '지식
과 여호와 경외함'을 부여하셨다.

성령은 오늘도 모든 기독교 교사들에게 올바른 지식과 하나님에
대한 경외심, 즉 하나님의 말씀을 효과적으로 가르치는 데에 필수적
으로 필요한 이 두 가지 힘을 공급해 주시기 원하신다. 지금까지의
이사야 11:2의 성령교사에 대한 세 가지 명칭은 그리스도께서 그의
공생애 동안 위대한 교사로서 제자들을 가르칠 수 있도록 성령께서
함께하셨다는 증거가 되는 것이다.

오늘날 중생한 기독교 교사들도 성령께 의뢰하고 간구함으로 그리
스도께서 소유하셨던 이사야 11:2에 나타나는 교육적 은사와 능력을

가져야 할 것이다.

진리의 영

"진리의 영"이란 명칭은 신약성경 요한복음에만 세 번 나온다. 어떤 학자들은 이 "진리의 영"이란 명칭이 성령을 '참된 영' 혹은 '진실의 영'으로 보여주는 것으로 성령 자신이 진리가 되신다고 말하고 있다.

그러나 성경에는 그리스도가 곧 진리이며 성령은 그 진리이신 그리스도를 제시하고, 가르치는 일을 담당하는 것으로 말하고 있다.

인간 교사는 부분적으로나마 하나님의 진리를 제시할 수는 있다. 그러나 그 진리를 전달해서 학생들의 마음속에 이해시키고 또한 적용하게 할 수 있는 분은 오직 진리의 영이신 성령이다.

지혜와 계시의 영

이 명칭은 에베소서 1:17에 나타나는 명칭이다. 바울은 에베소서 1:17에서 "영광의 아버지께서 '지혜와 계시의 정신'을 너희에게 주사 하나님을 알게 하시고"라고 했는데, 이것이 '인간의 정신'을 의미한다고 주장한 사람들은 "영광의 아버지께서 너희에게 한 지혜로운 정신과 계시를 주사"라고 번역하고 있다. 그러나 이 해석은 반박을 받아야 한다. 왜냐하면 계시란 신비로운 것을 분별하거나 이해하는 것이라기보다도 신비로운 것들을 드러내 보이는 것이기 때문이다. 다시 말해서, 계시는 하나님께서 인간에게 진리를 나타내 보이시는 하나님의 역사이지 결코 하나님께서 진리를 이해하도록 인간에게 주시는 것이 아니다.

지금까지 살펴본 성령의 일곱 가지 명칭은 성령의 신성과 인격에 관한 성경적 증거를 뒷받침해 준다. 특히, 거룩한 교사이며 계시자이며 인내자이신 동시에 교훈자이신 성령의 모든 교육적 능력은 상술한 명칭들에 근거하여 설명되는 것이다.

이 중에서 특히 'Paracletos'와 '진리의 영'은 성령 교사의 인격을 충분히 설명해 주는 명칭이라고 볼 수 있다.

성령은 '신적 교사'로서 '인간 교사'를 도와, 신자들을 지혜롭게 하고, 총명과 재능과 모략과 지식 및 주님에 대한 경외심을 허락하시며, 진리를 전하고, 해석하고, 적용시킬 뿐만 아니라 영적이신 지혜와 하나님의 지식을 우리에게 나타내 보이시는 하나님이시다.

성령의 교육사역

신자들을 위한 성령의 사역은 크게 두 가지로 나눌 수 있다.

첫째, 중생(Rebirth, Reborn again)에 있어서의 성령의 사역이며, 둘째, 성화(Sanctification)에 있어서의 성령의 사역인바 성령의 교육사역은 두 번째 부분인 '성화의 과정'에 포함되는 것이다.

주지하는 바와 같이 성령의 교육사역은 성령의 여러 가지 사역 중에서 가장 으뜸가는 사역이다. 하나님께서는 그의 백성들이 지식이 없이 말하는 것을 결코 원하지 않으신다. 그래서 지식이 없는 자는 제사장이 되지 못했다. 제사장이 없이는 하나님의 백성의 신앙교육은 불가능했다. 그것이 곧 옛 언약, 즉 구약의 제한된 성령의 교육사역의 모습이다. 그러나 새 언약인 신약의 특징은 성직자(제사장)뿐만 아니라 모두 신자들도 성령의 개인적인 교훈을 받을 수 있게 되었다는 점이다.

예수님께서도 성령을 소개할 때 무엇보다도 성령이 제자들의 삶과 사역을 돕고 가르치는 분이심을 강조하셨던 것이다. 로이 적크(R. B. Zuck) 교수는 성령의 교육적 사역에 대해서 교훈하고, 회상하게, 혹은 생각나게 하고, 인도하고, 선포하고, 계시하는 다섯 가지의 사역으로 설명하고 있다.

본장에서는 성령의 교육사역을 그 관련된 성경의 구절을 중심으로 교훈사역, 회상사역, 인도사역, 그리고 조명사역을 다루고자 한다.

성령의 교훈사역

루이스 샤퍼(L. S. Chafer) 교수는 그의 책 『He that is Spiritual』 이라는 책에서 성령의 대표적인 일곱 가지 사역 중에서 가르치는 사역의 중요성을 특별히 강조하고 있다.

가르치는 일은 예수님은 물론이고 바울과 요한과 같은 사도들의 중심 사역이었다. 특히 사도 바울은 권능의 기적이나 신유의 기적 같은 성령의 사역들을 뒷받침하기 위한 것으로 여겼다.

그러면 성령께서 누구에게 무엇을 어떻게 가르치는가? 요한복음 14:26에 근거하여 로이 적크 박사는 성령의 교육은 그 내용에 있어서 진리를 포함하며, 그 대상은 사람들(너희)이며, 그 방법은 그리스도의 말씀을 통하여 수행된다고 요약하고 있다.

교훈사역의 방법에 관하여 요한복음 14:26에 사용된 "가르친다", 또는 "교훈한다"라는 말은 고린도전서 2:13에서도 언급되고 있는데, 여기에서 바울은 신령한 신자들은 인간의 지혜의 가르친 말이 아닌 영이 가르친 말로 하나님의 계시를 말한다고 함으로써 진리의 계시와 해석에 있어서 성령의 역사가 인간의 언어로 확대되고 있음을 보여준다.

성령에 의해 계시된 영적인 진리는 성령에 의해 가르쳐진 영적 언어로써 표현된다. 이 사실은 성령의 대표적인 은사들의 반수 이상이 왜 언어에 깊이 관련된 것인가에 대한 이유를 설명해 준다. 일반적으로 성령의 교훈사역에는 세 단계가 있다고 토레이(R. A. Torrey)는 말하고 있다.

첫째, 진리를 계시하고(revealed), 둘째, 계시된 진리를 설명하고 (illustrated), 셋째, 그것을 다시 다른 사람에게 효과적으로 전하게 한다(communicated).

성령의 인도사역

성령의 인도사역은 신약성경 중 특히 사도행전에서 뚜렷이 나타난다. 바울은 그의 생애와 사역에서 성령의 인도함을 가장 많이 받은 사도 중의 한 사람이었다. 구스 내시에게 집사 빌립이 복음을 전한 일은 성령 인도사역의 결정적인 사건이다. 하나님의 자녀인 신자들은 모두 하나님이신 성령의 인도를 받을 수 있고 또한 받아야 한다. 요한복음 16:13의 "인도한다"는 말은 문자 그대로 '길을 안내한다'는 뜻이다. 예수님의 제자들은 어떤 진리에 대해서는 잘 알지 못했다. 따라서 그들에게는 여행자의 안내자처럼 진리로 인도해 주시는 성령의 인도가 필요했던 것이다. 성경은 진리에 대한 인식이 안내자의 도움으로 가능하다는 사실을 여러 번 언급하고 있다. 이런 면에서 교육이란 '길을 안내하는 것'이라고 할 수 있다.

성령께서 신자들을 '모든 진리'로 인도하신다는 말씀은 두 가지 의미를 시사해 주고 있다.

첫째, 성령님께서는 모든 진리를 희생시키면서까지 한 진리만을 강조하지 않으신다.

둘째, 그리스도께서는 그가 나타내고자 하신 것의 일부만 계시하신 반면에, 성령께서는 모든 진리로 인도하신다는 것이다.

초대교회가 아닌 오늘 우리의 교회에서 성령이 인도하는 방법에 대해 왓슨(Watson)은 네 가지 측면에서 적용 설명하고 있다.

첫째 환경을 통한 인도, 둘째 다른 그리스도인을 통한 인도, 셋째 말씀을 통한 인도, 넷째 기도를 통한 인도 등이다.

또한 에드윈 팔머(E. Palmer)는 성령의 인도에 있어서 신자가 협조해야 할 세 가지 사항에 대해서 다음과 같이 기술하고 있다.

첫째 성령의 안내서인 성경의 철저한 이해, 둘째 성령의 조명을 위한 기도와 간구, 셋째 우리의 모든 지식과 능력에 대한 최대의 활용과 연구 등을 들고 있다. 성령의 인도를 받는 길은 인도받고자 하는 기대와 인도를 받을 절대적인 필요성을 가지는 마음 등의 성령에 대한 새로운 인식과 의식에서 출발하는 것이다.

성령의 조명사역

로이 적크 박사는 성령의 선포와 계시를 성령의 교육사역에 포함시키는 대신 성령의 조명사역을 교육에 관련된 사역으로 보았다. 그러나 구원과 신앙에 관한 하나님의 지식은 이미 성경을 통하여 선포되고 계시되어 완성되었다는 점에서 성령의 선포와 계시의 활동은 곧 조명사역을 의미하는 것이라고 봄이 더욱 타당하다고 사료된다. 그러므로 로이 적크 박사가 말한 선포와 계시는 곧 '성령의 조명사역'이며 그것은 곧 성령의 교육사역에 해당된다고 할 수 있다.

고린도후서 1:6에서 조명에 대해서 "빛을 비춘다"고 빛에 비유한 것은 '지식의 빛'이 무지의 어두움을 뚫고 들어가서 무지를 몰아내는 것이 조명사역의 모습이기 때문이다.

성경은 불신자들을 '그들의 총명이 어두워진 자들'이라고 표현하고 있는데, 이 말씀은 조명의 필요성을 강조해 주는 말씀이다.

물론 그들의 총명이 어두워진 이유는 '죄' 때문이다. '영적인 일'과 '영적인 진리'는 영적인 마음의 눈, '믿음의 눈'으로 볼 수 있다는 것이 성경의 일관된 주장이다.

상기한 바와 같이 성령의 조명은 하나님의 말씀 안에서 그리스도를 드러내시고 설명해 주는, 즉 진리에 대한 인식뿐만 아니라 그 진리를 수용하게 하는 데에도 관계가 있다.

그것은 이해된 진리를 적용하는 실제적인 체험과 사건을 의미한다. 불신자도 성경의 객관적인 자료를 이성적으로나 지적으로 이해하고 연구할 수는 있다. 그러나 그들은 여전히 그 진리를 어리석게 보고 그 관계된 진리를 마음에 받아들이지는 않는다. 성령이 밝혀주시는 조명의 내용은 하나님의 말씀인 성경과 결코 동떨어진 것이 아니다. 에드윈 팔머(E. Palmer) 박사는 다음과 같이 기술하고 있다. "성령은 지식의 내용을 첨가함으로써, 즉 새로운 계시를 더해줌으로써 가르치고 조명하지 않는다. 그것은 마치 태양을 두 개 둠으로써 소경으로 볼 수 있게 하려는 것처럼 무익한 일이기 때문이다. 소경에게는 눈을 뜨게 하는 일이 우선 필요한데 그것은 성령이 마음 가운데 역사해서 깨달음을 주시는 일인 것이다."

이와 같이 조명은 새 지식의 부여가 아니라 분명한 것을 볼 수 있도록 그 눈을 뜨게 하는 것이다. 바울이 에베소 교인들에게 가르쳤던 복음은 다른 복음이 아니라 바울이 이미 전에 전한 복음이었다. 즉 조명이란 옛것을 새로운 방법으로 밝히는 것이다. 물론 성령이

조명하시는 내용의 핵심은 성령의 교훈과 인도사역에서처럼 그리스
도 중심인 것이다.

성령은 그리스도를 나타내시고, 해석하시고, 영화롭게 하도록 하신
다. 그리스도에 대한 우리의 모든 지식은 바로 성경에 대한 성령의
조명을 통해 가르쳐진 것이다.

성령의 회상사역

윌리엄 버클레이(W. Barclay)는 교육적 사역을 행하시는 성령을
가리켜 진리의 교사, 중개자, 전개자, 생각나게 하는 자, 미래를 위한
안내자로서 설명하고 있는데, 그것들은 각각 성령의 교훈, 조명, 계
시, 회상, 그리고 인도의 사역을 지칭하는 명칭이다.

성령의 회상사역에 대한 언급은 성경에서 요한복음 14:26에만 나
타나 있다. "보혜사 곧 아버지께서 내 이름으로 보내실 성령, 그가
너희에게 모든 것을 가르치시고, 내가 너희에게 말한 모든 것을 생
각나게 하시리라."

이러한 회상사역은 후에 사도들이 기록한 복음서와 신약성경에 오
류가 없음을 보장해 주는 것으로써 제자들을 향한 성령의 교육사역
의 일부분이었다.

오늘날에도 성령의 회상사역은 그리스도의 말씀을 기억나게 하시
고 말씀대로 사는 근거가 되게 하신다.

성령의 다른 사역들

앞에서 살펴본 성령의 교육사역, 곧 교훈, 인도, 조명, 계시 그리고

회상사역 이외에 이에 밀접하게 연관되어 있는 성령의 또 다른 교육적 사역인 영감과, 책망과, 내주의 사역에 대해 살펴보자.

성령의 영감의 사역

성령의 영감 문제는 하나님의 계시가 어떻게 인간에게 전달되었는가 하는 과정의 문제이다. 영감(Inspiration)이란 성경의 기록자들을 지도 감독하신 성령의 초자연적 역사로서 기록자들의 인격과 문체가 무시되지 않는 가운데 본래의 의도대로 기록하게 하시는 하나님과 인간의 연합사역이었다. 이 하나님의 감동하심은 축자적 영감과 완전한 영감을 동시에 감당하는 하나님의 역사이신 것이다. 이와 같은 성경에 대한 성령의 영감에 대해서 에드윈 팔머 박사는 성경에 대한 성령의 영감에 대해서 두 가지의 속성을 아래와 같이 요약 기술하고 있다. "예수님께서는 인성뿐 아니라 신성도 지니셨던 것같이 성경도 사람에 의해 쓰인 점에서 인성을 가졌을 뿐 아니라 하나님에 의해 감동되어 기록되었다는 점에서 신성도 가지고 있다."

성령의 책망의 사역

먼저 성령은 우리가 죄인임을 깨닫게 하신다.

책망은 주로 불신자들을 위한 성령의 사역이다. 요한복음 16:8의 성령께서 "죄에 대하여, 의에 대하여, 심판에 대하여 세상을 책망하신다"는 말씀은 "성령이 오시면 그가 모든 성도들을 모든 진리로 인도하실 것"(요 16:13)이라는 구절보다 먼저 나온다. 따라서 주님께서 약속하신 성령강림은 성령으로 두 가지 사역, 곧 세상을 책망하시는 것과 교회를 교육하시는 사역을 수행하도록 하는 준비과정이었다. '책망한다'는 말은 반박 불가능한 논증으로 '환산시키는 것', '끄집어내는 것' 등의 뜻이 암시되어 있다.

성령의 내주의 사역

내주의 사역은 성령의 교육사역의 기초가 된다. 성령의 내주와 교육 사이의 관계는 요한일서의 다음 두 구절에 잘 나타나 있다. "너희는 거룩하신 자에게서 기름부음을 받고 모든 것을 아느니라", "너희는 주께 받은 바 기름부음이 너희 안에 거하나니 아무도 너희를 가르칠 필요가 없고 오직 그의 기름부음이 모든 것을 너희에게 가르치며 또 참되고 거짓이 없으니 너희를 가르치신 그대로 주 안에 거하라." 일반적으로 '기름의 비유'는 성령을 상징한다.

여기서 '기름부음'은 신자들 속에 성령께서 내주하시는 것을 의미하는데, 이것은 성경 곳곳에 많이 언급되어 있는 성령의 역사이다. 성령의 내주를 통해 신자들은 하나님의 진리를 배울 수 있게 되는 것이다.

신자들 속에 성령이 내주하고 계셔도 '성령 안에 우리가 거할 때'만 성령의 온전한 교육사역을 받을 수 있는 것이다.

〈특강〉 기독교의 세계관을 대표하는 기독교의 십계명

'십계명'이란 용어는 히브리어 '아쉐레트 하드바리임(10마디 말씀들)'에서 유래한 것으로, 출애굽기 34장 28절, 신명기 4장 13절과 10장 4절에 나온다.

출 34:28 "여호와께서는 언약의 말씀 곧 십계를 그 판들에 기록하셨더라"

He wrote on the tablets the words of the covenant — the Ten Commandments.

신 4:13 "여호와께서 그 언약을 너희에게 반포하시고 너희로 지키라 명하셨으니 곧 십계명이며 두 돌 판에 친히 쓰신 것이라……

십계명을 소개하는 출애굽기 20장 1절에는 '이 모든 말씀들' God spoke all these words:로 나오고, 신명기 5장 5절에는 '야훼의 말씀, 여호와께서 가라사대' He said:으로 나온다. 그런데 후자의 경우 히브리 사본과 사마리아 오경, LXX, 탈굼, 벌게이트 등에 근거하여 "말씀들", 즉 복수로 수정할 것을 BHS 비형 각주는 제안하고 있다.

십계명은 LXX에서 모두 목적격으로 나타나는데, 출애굽기 34장 28절과 신명기 10장 4절은 투스 데카 로구스로, 신명기 4장 13절은 타데카 레마타로 번역되고 있다. 모두 10가지 말씀들로 번역이 된다. 이 계명들은 출애굽기 20장 3-17절과 신명기 5장 6-21절에 기록되어 있다. 이 두 본문 사이에는 약간의 차이점들이 있지만, 그 순서와 일반적인 내용은 본질상 동일한 것으로 보아야 한다. 그러나 십계명을 연구함에 가장 중요한 것은 그 모든 계명을 이루신 분이 예수 그리스도임이다(마 5:17-18).

출애굽기 20장에 기록되어 있는, 하나님께서 친히 손가락으로 써

주신 십계명의 내용이 무엇인지에 대하여 간단하게 요약하여 살펴보도록 하자.

1. "너는 나 외에는 다른 신들을 네게 있게 말지니라."

존스토트는 다음과 같이 설명한다. "이것은 오직 자신에게만 예배하라는 하나님의 요구이다."

첫째 계명은 우리의 충성심에 대한 계명이다. 이 계명은 전체 모든 계명들을 한마디로 줄인 것으로 볼 수 있다. 우주의 하나님은 당신께서 우리의 **하나님 되심**과 우리의 **구속주**가 되심을 말씀하시고 있다. 그분께서는 우리가 다른 신을 가지지 않음으로 우리의 사랑을 표현하기를 요구하신다. 창조주이신 성경의 하나님만이 유일한 경배의 대상이시다. 하나님께서 당신의 영광과 경배를 다른 어떤 존재나 물건들과 나누어 가지실 수가 없다. 이 지구와 인간들의 시작과 끝은 하나님의 창조와 심판이기 때문이다. 첫 계명에서 우리가 명심하여야 할 것은 하나님이 육신의 몸으로 오신 예수 그리스도와 그의 영(성령)께서 오늘날 우리와 함께 계시다는 것이다. 즉 하나님은 삼일 일체 하나님이시며 구원을 이루심은 바로 '예수 그리스도'임이다.

2. "너를 위하여 새긴 우상을 만들지 말고 또 위로 하늘에 있는 것이나 아래로 땅에 있는 것이나 땅 아래 물속에 있는 것의 아무 형상이든지 만들지 말며 그것들에게 절하지 말며 그것들을 섬기지 말라 나 여호와 너의 하나님은 질투하는 하나님인즉 나를 미워하는 자의 죄를 갚되 아비로부터 아들에게로 삼사 대까지 이르게 하거니와 나를 사랑하고 내 계명을 지키는 자에게는 천대까지 은혜를 베푸느니라."

존스토트는 다음과 같이 설명한다. "첫째 계명이 예배 대상에 관한 것이라면, 둘째 계명에서는 진실하고 신령한 예배를 요구한다."

　둘째 계명은 예배에 관한 법이다. 첫째 계명은 누가 참하나님인가를 알려 주고 있고, 둘째 계명은 참하나님을 어떻게 경배하는 것인가에 대하여 알려 주고 있다. 첫째 계명은 하나님에 대한 개념을 알려 주고 있고, 둘째는 하나님께 드리는 예배에 있어서 우리의 외적 행위에 대하여 말씀해 주고 있다. 하나님께서는 우상이나 새긴 형상들에게 절하지 말라고 말씀하신다. 우리 마음속에 무엇을 원하고 어떤 생각을 가지고 있는가는 우리의 외적 예배의 행위로 드러나게 되어 있다. 눈에 보이는 형상들이나 의식들 자체가 우리를 구원한다는 오해 속에 빠져서는 안 되는 것이다. 하나님보다 더 사랑하는 어떤 종류의 것들이라도 우리 마음속에 우상으로 자리잡을 수가 있는 것이다. 그러므로 신약에서 사도 요한은 예배드리는 자들은 신령과 진정으로 예배드릴 찌니라(요 4:24). 즉 말씀과 성령 안에서 하나님만 바라보는 믿음을 요구하는 것이다. 예배 받으실 분은 만왕의 왕 '예수 그리스도'이시다.

　3. "너는 너의 하나님 여호와의 이름을 망령되이 일컫지 말라 나 여호와는 나의 이름을 망령되이 일컫는 자를 죄 없다 하지 아니하리라."

　존 스토트는 다음과 같이 설명한다. "하나님의 이름은 하나님의 속성을 나타낸다. 하나님을 '주님'이라고 부르면서도 순종하지 않는 것은 주의 이름을 망령되이 부르는 것이다."

　셋째 계명은 경외심에 관한 계명이다. 하나님께서는 우리가 그분의 거룩한 이름을 경외하고 함부로 사용치 말라고 말씀하신다. 히브리어로 망령되이 일컫는다는 뜻은 불경함을 나타낸다는 말이다. 우리가 어떠한 대상에 대하여 말하고 생각하는 것은 바로 우리가 그

대상에 대하여 어떠한 태도를 가지고 있는가를 나타내는 것이다. 우리는 영원히 거룩하신 하나님께 경외하는 태도로 나와야 할 것이다. 예수 그리스도 십자가 외에 자랑할 것이 없다는 바울의 고박을 명심하여야 한다(갈 6:14).

4. "안식일을 기억하여 거룩히 지키라 엿새 동안은 힘써 네 모든 일을 행할 것이나 제 칠일은 너의 하나님 여호와의 안식일인즉 너나 네 아들이나 네 딸이나 네 남종이나 네 여종이나 네 육축이나 네 문 안에 유하는 객이라도 아무 일도 하지 말라 이는 엿새 동안에 나 여호와가 하늘과 땅과 바다와 그 가운데 모든 것을 만들고 제 칠일에 쉬었음이라 그러므로 나 여호와가 안식일을 복되게 하여 그날을 거룩하게 하였느니라."

존스토트는 다음과 같이 설명한다. "일요일은 하나님을 위해 따로 마련된 '거룩한' 날이다. 이날은 주님의 날이지 우리의 날이 아니다."

넷째 계명은 성화(Sanctification)에 관한 계명으로서 하나님과 인간 사이의 관계에 대한 명령이다. 이 계명은 하나님께 예배하는 시간에 대하여 명령하고 있다. 안식일은 하나님을 신뢰하는 자들이 하나님의 창조의 능력과 그분의 사랑과 보호하심을 신뢰함으로 하나님의 능력 안에서 쉬는 경험을 말해 주고 있다. 하나님의 명령을 지키는 것과 하나님과 교제하는 것을 어느 것보다 더 귀중하게 여기는 신자들만 이 계명의 의미를 이해할 수가 있는 것이다. 안식일 계명은 인간과 하나님을 하나가 되게 해 주는 계명으로서 첫 돌비에 있는 네 계명들, 즉 하나님께 대한 계명들을 하나로 묶어 주고 있는 계명이다. 안식일은 하나님께서 이 세상을 창조하신 것을 매주 마다 기억나게 하는 기념일이요, 또한 우리를 구속하신 것을 기념하게 하는 날이다.

인간의 몸은 영혼과 함께 일주일에 하루씩 휴식이 필요하도록 창조되었고, 특히 매주 하루씩 하나님과 함께 시간을 보내야 우리들의 영혼이 회복될 수 있도록 창조되었다. 하나님께서는 주님을 예배하는 시간을 정해주시고 그날, 곧 제 칠일을 잊지 말고 기억하여 거룩하게 지키라고 명령하신다. 그러나 가장 중요한 것은 예수 그리스도가 증거되어야 하며 그분이 주인 되는 날이라는 것이다. 그러므로 신약에 와서 주의 날(The Lord's Day)이 된 것이다.

5. "네 부모를 공경하라 그리하면 너의 하나님 나 여호와가 네게 준 땅에서 네 생명이 길리라."

존스토트는 다음과 같이 설명한다. "이 계명은 부모에 대한 의무를 말한 것이지만, 하나님께 대한 의무를 담고 있는 첫 돌 판에 기록되어 있다. 잊지 말아야 할 것은 부모는 하나님의 권위를 대리한다."

다섯째 계명은 1-4계명과는 달리, 인간관계를 다룬 하나님의 명령들 중에 제일 첫 계명으로서 우리를 낳아주신 부모에 대한 공경심을 명령하고 있다. 부모를 사랑하는 것이 인간을 사랑하는 첫째 의무요 도리이다. 참된 종교에는 하나님과 인간관계를 묶어 주는 도덕적인 율법이 있어야 하는 것처럼, 인간들 간의 도덕을 세워 주는 계명이 없이는 참된 관계가 이루어질 수가 없다. 인간들 간의 도덕적 관계가 이루어지는 그 기초는 가정이요, 그 가정의 첫째 계명은 부모를 공경하는 것이다. 그러므로 부모를 공경하는 계명이 깨어진 사회는 파괴되게 마련인 것이다. 이 계명은 약속이 있는 첫 계명이다.

너희 각 사람은 부모를 경외하고 나의 안식일을 지키라 나는 너희 하나님 여호와니라."(레위기 19:3) 사도 바울 역시 하늘의 하나님 아버지를 경외하는 것과 육신의 부모를 공경함이 복의 근원임을 강조한다(엡 6:1 - 4).

6. "살인하지 말지니라."

존스토트는 다음과 같이 설명한다. "이 계명은 단순한 실제 살인에 대한 금지만이 아니다. 모든 분노, 감정 통제의 상실, 증오 등은 모두 살인이다."

이 계명은 인간의 생명에 대한 존경심에 대한 계명이다. 하나님께서는 이웃을 미워하지 말고 사랑하라고 명령하신다. 살인은 꼭 남의 생명을 취함만으로 이루어지는 것이 아니다. 예수께서는 마음속으로 남을 증오하는 것도 살인이라고 정의하셨다. 마음속의 미워함이 결국에는 살인을 낳는 씨앗이기 때문이다. 계명에 대한 진정한 순종은 마음속에서 우러나오기 때문이다. "그 형제를 미워하는 자마다 살인하는 자니 살인하는 자마다 영생이 그 속에 거하지 아니하는 것을 너희가 아는 바라."(요한일서 3:15)

7. "간음하지 말지니라."

존스토트는 다음과 같이 설명한다. "단순한 불성실한 결혼 생활만이 아니라 혼전 성관계도 여기에 포함된다. 마음속에 살인할 생각을 품는 것이 살인이듯, 음란한 생각을 품는 것 역시 간음이다."

이 계명은 인간관계의 순결함에 대한 계명이다. 하나님께서는 우리가 간음하지 않음으로 이웃에 대한 사랑을 나타내라고 명령하신다. 간음은 현대 가정을 파괴하는 가장 큰 요인이다. 결혼은 하나님께서 만들어주신 제도임으로 거룩한 것이다. 간음은 마음속의 생각에서부터 출발하는 것임으로 마음속으로 음욕을 품는 것도 이미 간음한 것이라고 예수께서 말씀하셨다. 다시 말하지만, 그러므로 계명은 마음으로 지키는 것이다. 유혹을 저지하거나 품는 것은 자신의 결정이기 때문이다. 그러나 간음이라 함은 육체적 간음을 의미하는 것이 아니라 하나님을 떠난 세상을 사랑함 역시 영적 간음이다. 하나님보다 더 큰 사랑을 가지는 것을 성경은 영적 간음이라 한다(호 3:1, 5:4).

8. "도적질하지 말지니라."

존스토트는 다음과 같이 설명한다. "탈세도 절도 행위이며, 근무 시간을 다 채우지 않은 것, 직원을 혹사 시키고 적은 임금 주는 것도 도적질이다."

여덟째 계명은 정직에 대한 계명이다. 하나님께서는 도둑질하지 않음으로 이웃에 대한 사랑을 나타내라고 명령하신다. 개인의 소유에 대한 권리는 하나님께로부터 온 것이다. 그러므로 우리는 다른 사람의 권리와 권한을 인정하며 살아야 한다. 다른 사람을 찬탈하는 것은 하나님께서 주신 권리를 빼앗는 것이기에 하나님께 범죄하는 것이 된다. 남의 것을 존중하지 않는 것은 사회와 국가를 파괴시키는 부도덕한 죄가 된다.

9. "네 이웃에 대하여 거짓 증거하지 말지니라."

존스토트는 다음과 같이 설명한다. "이는 곧 타인의 권리 존중, 즉 참사랑을 나타낸다. 우리는 좋지 않은 소문을 듣고 전함으로써, 남을 희생시키는 농담 또한 이에 해당된다."

이 계명은 우리가 다른 사람에게 거짓 증거를 하거나 속이지 말라고 명령하고 있다. 사단은 거짓말의 아비라고 성경은 말하고 있다 (요 8:44 참조). 다른 사람을 속이거나 그 사람에 대하여 거짓 증거를 하여 그 사람의 인격을 무너뜨리거나 짓밟는 것은 어떤 의미에 있어서 살인보다 더 악한 영향을 끼칠 수가 있는 것이다. 남을 속이는 죄악은 사람들 간에 사랑을 식게 만들고 있는 것이다.

10. "네 이웃의 집을 탐내지 말지니라 네 이웃의 아내나 그의 남종이나 그의 여종이나 그의 소나 그의 나귀나 무릇 네 이웃의 소유를 탐내지 말지니라."

존스토트는 다음과 같이 설명한다. "탐욕과 탐심은 우상 숭배니라(골 3:5) 반면 자족하는 마음은 큰 이익이 된다(딤전 6:6)."

하나님께서 탐내지 말라고 하시는 이유는 이 죄악이 모든 다른 죄악들의 뿌리가 되기 때문이다. 다른 사람의 평판과 인기를 탐내고, 이웃의 소유와 토지들을 탐내는 마음이 생길 때에 그 죄악은 다른 죄들을 짓도록 인도하는 동기가 된다. 남의 아내를 탐하다가 간음하게 되지 않는가! 루스벨은 하나님의 능력을 탐내다가 반역하여 사단이 되었고, 하와는 사단의 꼬임에 빠져 더 높은 지위와 하나님과 같아지는 것을 탐하다가 범죄하게 된 것이다. 가인은 하와의 죄를 본받아 하나님께서 자기 동생 아벨에게 주시는 인정을 탐내다가 첫 번째 살인자가 되었다.

〈강의 특강〉 교회 교육

특강: "한국 교회의 성장은 교회 교육에서 시작됐다"

　주일학교의 지속적인 성장을 위해 건강한 주일학교 성장이 무엇이
며, 성장 방해 요인은 무엇인지를 알고, 이를 극복하기 위해서는 어
떤 방법이 있을지 발표하는 자리가 마련됐다.

　한국복음주의신학회(회장 김의원)가 25일 서울 방배동 백석대학교
대학원 진리동 6층 세미나실에서 '주일학교 성장을 위한 건강한 교
회'란 주제로 개최한 '제46차 신학포럼'이 그것이다.

한국복음주의신학회에서 개최한 제46회 신학포럼 발표자로 나선
한승돈 박사　　　　　　　　　　　　　　　　　ⓒ뉴스미션

교육기관의 부흥이 교회 성장의 기초

이날 포럼에는 안양대학교 기독교 교육학 한승돈 박사가 발표자로 나섰다. 한 박사는 이날의 주제를 교회 교육, 리더십 등 다양한 관점에서 고찰했다.

한 박사는 어린이부(영·유치부/유·초등부), 학생부(중·고등부), 청년부(대학/청년부), 장년부로 나눠져 있는 주일학교 각 교육기관의 부흥이 교회 성장의 기초임을 강조했다.

한 박사는 "한국 교회의 성장은 교회 교육에서 시작됐다"며 "이는 한국 교회의 보수주의에 입각한 신학, 교회론, 주일학교 교육의 균형적인 성장 모델로 이해할 수 있다"고 설명했다.

또한 그는 "주일학교는 '무엇을 가르치느냐'에 초점을 두어야 한다"면서 "'건강한 교회는 성장하는 교회'임을 성경 안에서 논술해 주는 것을 건강한 주일학교 교육의 내용으로 삼아야 한다"고 말했다.

한 박사는 주일학교 교과 내용의 체계적인 교과 과정의 부실함을 지적하면서, 주일학교의 지속적인 성장을 위한 구체적인 대안으로 영아부에서 노년부에 이르는 각 기관의 체계적인 성경공부 마련을 제안했다.

특히 그는 주일학교 성장 방해 요인으로 '약한 영적 리더십'을 지적하며, 이를 극복하기 위해서 △지도자의 권한 위임, △리더의 자질, △리더의 보수주의 신학, △교회 교육을 위한 목표 설정과 내용의 체계화 등을 해법으로 제시했다.

주일학교의 지속적인 성장을 위해서는, '주일학교 성장 방해 요인이 무엇인지를 아는 것'이 중요하다는 것이다.

"성장을 위해서는 '영적 리더십의 성숙'이 중요"

한승돈 박사는 자연적 교회 성장(Natural Church Development)을 연구한 독일 크리스티안 슈바르츠(Christian Schwartz) 목사의 "건강한 교회란 효과적인 지도력을 가지고 있으며, 이는 영적 지도력"이라는 말을 인용해 '영적 리더십의 성숙'을 설명했다.

한 박사는 "한국 교회는 △교회 간의 적대적 경쟁주의, △개 교회 중심주의, △건물 중심의 교회 성장, △목회자 중심주의 등으로 인해 사회로부터 신뢰를 상실했고, 사회를 변혁할 수 있는 영향력을 잃음으로써 교회 성장에 문제를 안겨 주었다"고 밝혔다.

이에 한 박사는 "한국 교회는 양적 성장과 질적 성장의 균형을 이루며, 이를 위해 △일 중심이 아닌 사람 중심, △목표가 아닌 관계 중심, △권위주의가 아닌 협력(팀) 중심의 리더십이 리더에게 갖춰지는 '리더십의 성숙'이 필요하다"고 강조했다.

정성진기자, biking11@hanmail.net(뉴스미션)

보충 〉

1. 건강한 교회를 위한 리더십: 영적 리더십은 성경적 리더십이어야 한다.

LEADERSHIP OF A HEALTHY CHURCH: Spiritual Leadership must be Scriptural leadership.

본 연구의 본론은 건강한 교회를 위한 영적 리더십의 중요성에 대하여 언급한다. 갱글(Gangel)은 그의 책『최강의 팀웍을 만드는 전략 노트』1)에서 "영적 리더십은 건강한 교회 성장의 중요한 질적 요소이며 건강한 교회를 위한 영적 리더십은 성경에 기초한 리더십이어야 한다."고 말한다. 즉 영적 리더십은 인간의 권위에 의한 것이 아니라 성경의 권위에 의한 것이어야 한다. 교회 내에서 중대 사항이 결정될 때 주일학교 리더들은 성경에 근거한 영적 리더십을 보여주어야 한다. 그 이유는 영적 리더십은 예수 그리스도의 리더십에 그 근거를 두고 있기 때문이다. 영적 리더십을 연구하기 위해서는 예수 그리스도의 리더십을 연구하여야 한다. 예를 들어 예수님의 기도생활(마 6:5-13), 제자를 부르심(마 4:18-22), 제자들의 발을 씻겨주심(요 13:1-11), 제자들을 가르치심(마 5:1-12), 병든 자를 고쳐주심(마 9장), 십자가에 달리심과 행악 자를 용서하심(눅 23:1-43). 바나(Barna)는 그의 책 『리더십을 갖춘 리더 자』에서[2] 건강한 주일학교의 성장을 위하여 각 리더의 리더십이 매우 중요함을 말한다. 즉 리더의 성품과 은사, 영적 믿음과 영적 리더십에 따라 주일학교의 건강 상태가 진단되기 때문이다. 특히 영적 리더는 하나님으로부터 소명감이 투철하여야 하며, 그리스도를 닮은 성품과 열정이 있어야 한다.

성경에서 보여주는 예수 그리스도의 리더십(Christ's leadership)은 섬김의 리더십(servant leadership), 돌보는 리더십(pastoral leadership) 그리고 사역자를 세우는 리더십(empowering leadership)이며, 성경에서 예수님의 사역이 보여주듯이 영적 리더십의 리더는 보내는 자(senders), 영적스승(mentors), 그리고 훈련(trainers)의 역할을 감당하여야 한다. 이은성 박사는 성경적 리더십의 구성요소를 말하여 준다. 성경적 리더십은 예수님의 삶과 가르침에 드러나는 네 가지 리더십의 특성인 신뢰, 헌신, 정의, 사랑과 밀접한 공통성을 가지고 있다.[3]

1) Gangel, O. K. (유명복, 홍미경 역) Team Leadership In Christian Ministry. Chicago: Moody Press.(1997) p.79.
2) Barna, G. A. Fish out of Water. Nashville: Integrity.(2002)
3) 이은성. "변혁적 리더십을 위한 한 사례연구" 『기독교 교육 논총』 제13

이은성 박사의 성경적 리더십의 구성요소

성경적 리더십의 구성요소
신뢰 (Trust)
헌신 (Commitment)
정의 (Justice)
사랑 (Love)

　"Ford는 예수님의 리더십을 모범을 통하여 자신을 따르는 사람들이 사리사욕을 넘어설 수 있게 하고, 거역할 수 없는 비전을 창출하여 강한 동기를 제공하며, 자신과 세상을 새로운 방식으로 볼 수 있는 통찰력을 주는 리더십으로 이해한다."[4]

　김승곤 교수는 그의 책 『성경적 리더십』에서 10가지 성경적 리더십 방법은 성령을 통한 믿음과 소망과 사랑 가운데 행할 것을 전제조건으로 한다. 또한 존 E 하가이 박사는 그의 책 『지도자가 되라』에서 지도력의 원리를 제시한다.

건강한 교회의 영적 리더십 비교

	김승곤 교수 성경적 리더십	존 E 하가이 리더십 원리	데일 E 겔로웨이 역동적 리더십	
원리1	섬겨야 한다	비전의 원리	1	통찰력과 비전이 있어야 한다
원리2	나누어야 한다	목표 설정의 원리	2	균형 잡힌 지도자가 되어야 한다
원리3	세워야 한다	사랑의 원리	3	사랑으로 인도하여야 한다
원리4	구해야 한다	겸손의 원리	4	당신 그대로를 받아들여라

　집.(2006) p.234.
4) Ibid, p.246.

	김승곤 교수 성경적 리더십	존 E 하가이 리더십 원리		데일 E 겔로웨이 역동적 리더십
원리5	찾아야 한다	자기 통제의 원리	5	의미 있고 측정할 수 있는 목표를 설정하라
원리6	두드려야 한다	의사소통의 원리	6	지도자는 올바른 때에 올바른 결정 을 내린다
원리7	주어야 한다	투자의 원리	7	성장을 막고 있는 문제들을 찾아서 해결하라
원리8	받아야 한다	기회의 원리	8	자신이 발견한 진리를 사람들에게 전달하라
원리9	지켜야 한다	에너지의 원리	9	평신도들이 사역에 참여하게 하라
원리10	죽어야 한다	지구력의 원리5)	10	긍정적인 동기여부를 하라6)

영적 리더십 연구학자 타운스(Towns)는 건강한 교회의 형성과 성장 방향은 교회의 리더에게 달려 있음을 강조한다. 왜냐하면 건강하게 성장하지 못하는 교회는 다음과 같은 공통점이 있기 때문이다. "지도자가 리더십 개발이 필요하지 않다고 생각하며 리더는 단지 가르치고 설교하는 것으로 충분하다 생각할 때이다. 즉 리더십의 부재는 교회 성장을 가져오지 못한다."7)

타운스(Towns)는 건강한 교회 성장을 위한 영적 리더십의 리더가 갖추어야 할 3가지 기본을 설명하였다.8)

---

5) 존 E 하가이. (권명달 옮김) 『지도자가 되라』(보이스사) 1991, p.433 - 449.
6) 데일 E. 겔로웨이. (송용조 역) 『20/20 비전』(서울 성경학교 출판부) 1994, p.123 - 137.
7) Towns, L. E. *The Every Church Guide to Growth*. Nashville: Broadman & Holman Publisher. p.7.
8) Ibid. p.8.

1.	건강한 주일학교의 성장을 원한다면 담당 교역자는 성장을 원하여야 한다.
2.	건강한 주일학교의 성장을 원한다면 담당 교역자는 자신의 방법만이 유일한 방법이라는 생각과 고집을 버려야 한다.
3.	건강한 주일학교의 성장을 원한다면 담당 교역자는 성장을 위한 프로그램을 개발하여야 한다.

영적 리더의 리더십이 매우 중요한 이유는 영적 리더의 관심과 초점에 따라 교회의 목표, 방향이 정해지기 때문이다. 다시 말하여 성경에 근거한 영성 지도자(spiritual leaders)는 말씀을 우선시하는 교회를 만들며 기도하는(praying leaders) 리더는 기도하는 교회를 만들며 영적 추수를 강조하는 리더(soul-winning leaders)는 복음에 깊게 물든 교회를 만든다. 영적 리더십을 갖춘 영적 리더는 예수님의 리더십처럼 섬기는 리더(servant leaders), 비전을 가진 리더(visionary leaders), 그리고 돌보는 리더(caring leaders)가 되어야 한다.

2. 건강한 교회 주일학교 성장을 위한 영적 리더십과 섬김의 리더십의 관계
A Healthy Church for the growth of Sunday School, the Link between Spiritual Leadership and Servant Leadership "섬김의 리더십은 성경적 리더십이다."
성경은 예수님이 섬김의 리더임을 증거한다(마 20:26-28). 예수님의 리더십을 닮기 원한다면 예수님과 같은 성품을 가진 자가 되어야 한다. 교회 리더는 다음의 세 가지 질문에 답할 수 있어야 한다. 첫째, 나는 예수님과 같은 섬김의 리더십을 닮아가길 갈망하는가? 둘째, 나

는 성경에서 예수님이 섬김의 리더임을 잘 아는가? 셋째, 나는 예수
님이 섬김의 리더임을 다른 이에게 자신 있게 설명할 수 있는가?

예수님은 다른 이를 섬겨 주심으로 영향력을 끼치신 분이다. "너
희 중에 큰 자는 너희를 섬기는 자가 되어야 하리라 누구든지 자기
를 높이는 자는 낮아지고 누구든지 자기를 낮추는 자는 높아지리
라"(마 23:11-12). 영적 리더십 안에서 교회 리더는 맡겨진 사람들
을 섬김이 우선시되어야 한다. 섬김은 리더의 리더십에서 가장 많은
영향을 끼치기 때문이다.

제5강 세계관: 구약 교육

구약에서 '훈계' '가르침' '지도' 등을 의미하는 전문 용어는 '토라 (torah)'로서 이 명사는 '지시하다,' '보여주다' 의미를 지닌 동사 '야 라(Yarah)'에서 파생되었으며 오늘날 '방향을 세우다' '가르치다'는 뜻을 가지게 되었다. 또한 히브리어에서 '교육'을 뜻하는 단어 '하노 크(hanak)'와 '말마드(malmad)'의 원 어근은 '소 모는 막대기'를 의 미하는 것으로 소를 훈련하여 몰이 막대기에 길들게 하고 멍에에 길 들게 한다는 의미(호 10:11)가 확대 적용되어 '훈련시키다'라는 단어 가 나오게 된 것이다.

Shema(쉐마). 신 6:4-9(4:9-10, 31: 11-13, 14:23, 17:18-19)
구약 Torah(토라)를 통하여 히브리인의 교육 목표가 보인다.

A. 히브리인의 교육 목표 3가지는 다음과 같다.
첫째 목표는, "여호와를 경외"하는 것이다. 이것이 지혜와 명철을 얻는 방편이며 하나님의 복을 받는 길이 된다는 것이었다.
두 번째 목표는, "언약의 백성"이 되는 것이다. 하나님은 그 약속 을 끝까지 지키시는 분이라는 신념을 자손에게 전승시키는 것.
세 번째 목표는, "윤리 행동을 지킴"이다. 이는 곧 가르침의 내용 안에 인간이 지켜야 할 도리가 담겨 있다.

B. 히브리 교육의 출발점: 히브리인의 교육은 구원의 하나님을 가르치는 것으로 교육이 시작되었다(잠 1:7.9. 16).

C. 히브리 교육의 교과 과정: 하나님의 뜻을 중심으로 하나님을 선포하고(선교), 잘 가르치고(교육), 참된 인간(훈련)이 되게 하여 사람들로 하여금 번영과 행복을 누리는 삶을 영위케 하는 것이었다.

구약 토라는 유대인들의 모든 생활을 요약한 율법인데 모세 오경을 말한다. 그 내용을 분석해 보면 이스라엘 민족이 40년 광야 생활과 가나안 땅을 점령할 수 있는 배경에는 하나님의 가르치심이 있다는 것이며 그것이 바로 "쉐마"이다. 그러므로 모세오경의 토라(torah)는 히브리 민족의 민족 교육이라면 쉐마는 그 민족을 유지할 수 있는 히브리 민족의 뿌리이다. 신 6:4-9절은 히브리 민족의 교육 헌장이라 할 수 있으며 히브리인의 교육은 크게 세 가지로 분류할 수 있다.

첫째는 가정교육이며, 둘째는 회당 교육이며, 셋째는 지도자 교육이다. 그중 지도자 교육은 이스라엘을 지도하는 정치 지도자들이 그 백성을 다스리기 위하여 율법을 배워 익히도록 하는 율법 중심의 교육이었다.

지도자 교육의 주 내용은 다음과 같다(율법 낭독, 율법 강해, 말씀 문답).

1. 율법 낭독: 이스라엘 법전에는 네 가지가 있다
    첫째, 언약법전(출 21-23장) 아브라함, 이삭, 야곱에게 주
        어진 이스라엘의 강령
    둘째, 신명기 법전(신 12-25장)
    셋째, 성결 법전(레 21:8) 하나님께 대한 성소, 제사장, 언

약공동체의 관계가 적혀 있다. 특별히 레위 제사장의
역할에 대해 정확히 적혀 있다. 구약에서의 레위 제
사장의 역할은 다음과 같다.

1. 언약궤를 운반하는 역할(수 21:1)
2. 백성들을 깨우치는 역할(느 8:7)
3. 성막을 건축(출 38:21)

넷째, 히브리 법전 "형법적 죄"와 "민법적 요구"가 전해진
다. 오늘날 민법과 형법의 기초를 이룬다.

2. 율법 강해: 십계명, 히브리법은 세 가지 유형이 있다
첫째, '하라/하지 말라'
둘째, '이것을 행한 자는 죽일지니라'
셋째, '만일 누가 무엇을 하면, 그에 따른 행위가 가해진다'

3. 말씀 문답 "쉐마"

구약의 쉐마 교육이 중요한 것은 아브라함 때부터 현재까지 4,200
년 동안 하나님의 말씀을 **자손 대대**로 전수하는 데 성공한 배경이
쉐마 교육에 있었기 때문이다. 하나님과의 언약(창 17:2), 즉 하나님
과 아브람과의 언약 신앙을 히브리인들은 '가족'의 관계로 직계 신앙
의 전수를 목적 삼는다. 즉 아브람이 열국의 아비가 될 수 있는 조
건은 하나님의 언약을 지키고 네 후손도 대대로 지킴(창 17:9)을 말
하고 있다.

오늘날에도 쉐마 교육을 통하여 배워야 할 것은 히브리인의 교육
이 지탱할 수 있었던 비결이 가정교육의 성공에 있다는 것이다. 즉
부모와 '자녀'의 개념에서 구약 쉐마 교육은 부계사회의 권위를 중시

하는 아버지의 성경 말씀에 권위를 두는 것이다. 그러므로 자녀가 성년이 되면 아버지의 말씀을 이어받을 수 있는 가계 혈통이 됨으로 '성년식'은 매우 중요하다. 성년식이 중요한 것은 '성년'은 '말씀의 혈통'을 이을 수 있는 자가 되기 때문이다. 히브리어로 성년식을 '바미찌바'라 하는데, 이는 '율법 맡은 자', 즉 '말씀 맡은 자'가 되는 것이다. 신약의 로마서 3장 2절과 같다. "유대인의 나음이 무엇이며…… 하나님의 말씀을 맡았음이니라"

세계관: 모세의 교육(신명기)

첫 번째 교육 신 1:1-4 -43장	1. 이스라엘의 불신앙에 대한 하나님의 심판 2. 순종했을 때의 하나님의 구원과 공급 　순종=축복, 불순종=징계가 법칙처럼 되어 있다. 신 2:7 "네가 하는 모든 일에 네게 복을 주시고" 첫 번째 설교: "하나님께서 이스라엘을 위해 하신 일을 돌 이켜 봄" 신명기서에 나타난 "역사적" 사건은 하나님에 대한 순종을 요구함
두 번째 교육 신 4:44- 26:19장	도덕적이고 법적인 내용으로 율법의 네 가지 범주가 실려 있다. 1. 계명들(5-11장) 도덕적 의무들, 십계명의 내용으로 하 　　　　　　　 나님의 은혜로운 구원을 잊지 마라 2. 의식법(12:1-16:17) 희생 제사들과 십일조와 종교적 　　　　　　　 축제 절기를 지키다 3. 시민법(16:18-20:20) 전쟁 시의 법령, 재산법, 개인과 　　　　　　　 가족의 도덕법을 시행하다 4. 사회법(21:1-26:19) 여자 포로에 관한 협정, 장자의 상 　　　　　　　 속권, 패역한 아들에게 내리는 벌 　　　　　　　 을 잊지 마라 두 번째 설교: "하나님께서 이스라엘에 기대하시는 것" 신명기서에 나타난 "법적"규례에 절대 순종을 요구함
세 번째 교육 신 27-34장	모세는 가나안 땅을 들어갈 수 없기에 여호수아를 후계자 로 임명함으로 앞으로의 역사를 기록하게 하였다 이스라엘의 미래를 기록 세 번째 설교: 하나님께서 하실 일을 알려주셨다 신명기서에 나타난 "예언적"설교는 하나님의 위대함을 알려 주신다

　구약은 철저히 성경 중심이었으며 가정에서 출발하였기에 당시의 세계관은 하나님 중심의 세계관이었으며 부계 중심의 말씀이 전수되었다.

구약에서 자녀에 대한 비중은 매우 높다. 그 이유는 부계사회에서 가정 중심의 공동체는 자녀는 하나님의 선물이었기 때문이다.

자녀란 하나님의 선물(창 33:5)이며, 부모에게 맡겨진 기업(시 127:3)이고, 하나님께 속해(창 17:7) 있는 의미를 가지고 있다.

자녀의 특성은 부모를 닮고(왕상 15:26), 다양한 성품(행 2:39; 창 25:27)을 가지게 된다.

자녀교육의 원리는 하나님의 말씀대로 가르쳐야 한다(신 6:5-6)는 것이며, 하나님 앞에서 양육해야 한다(삼상1:22)는 것이다.

자녀를 잘 양육하기 위해서는 능력을 따라 구하고 가르쳐야(잠 22:6) 하고, 하나님께서 나누어 주신 분량만큼(롬12:3) 하며, 인격적으로 대하여야(잠 15:1) 한다.

구체적인 자녀교육의 방법은 첫 번째로 기도로 출생하고 기도로 양육해야(삼상 11:27) 한다. 두 번째로 조건 없는 사랑으로 양육하고(요일 4:10), 세 번째로 격려와 칭찬을 아끼지 말며(살전 1:3), 매사에 믿음과 소망으로 교육(몬 1:21)하여야 한다. 네 번째로 잘못을 하였을 때 사랑으로 징계(잠 13:24)하고, 다섯 번째로 신앙생활을 지속적으로(신 6:7-8)하도록 한다. 여섯 번째로 교회 생활에 적극 참여토록(시 10:24-25)하며, 자녀의 구원에 관심(딤후 3:14-16)을 갖는 것이다.

즉 당시 구약시대의 세계관은 다음과 같다:

1. 말씀 교육이 가정에서 이루어져 한다
2. 말씀 교육이 자녀에게 전수되어야 한다
3. 말씀 교육이 모든 교육의 중심이어야 한다
   "…… 들으라!"(신 6:3)

"…… 행하라!"(신 6:3)

"…… 사랑하라!"(신 6:5)

"…… 마음에 새기고!"(신 6:6)

"…… 가르치며!"(신 6:7)

"…… 말씀을 강론하고!"(신 6:7)

"…… 기록할지니라!"(신 6:9)

구약은 하나님의 선민이 하나님의 명령에 순종함으로 하나님의 축복을 받고 하나님의 형상을 닮도록 양육함. 즉 "쉐마(shema) 교육"이 주제이다. 구약에서 자주 등장하는 쉐마는 3대에 걸친 하나님의 약속과 축복이다. 즉 아브라함, 이삭과 야곱 3대에 걸쳐 세대 차이 없이 여호와의 말씀과 신앙 및 행함을 전수하는 데 성공하였다. 구약의 쉐마는 신약의 마태복음 1장 1절 믿음(열국)의 아버지 아브라함과 다윗의 자손 예수 그리스도의 혈통을 이어준다.

구약의 교육이 수직적 교육이라면 신약의 교육은 수평적 교육이 되는 것이다. 수직적 선민 교육은 수직적으로 부모가 자녀를 말씀으로 제자 삼는 교육이다. 그 내용에는 하나님과의 언약이 우선이다. 그 대표적 예가 아브라함이며 아브라함이 받은 지상명령(창 12:1-3, 창 17:2-5)은 모세 때에 구체화되었다. 아브라함이 받은 지상명령이 개인적인 것이었다면 모세 때 받은 지상명령은 유대민족 전체가 받은 지상명령이다.

신명기서는 모세가 광야 북쪽에서 한 강론(Upper Desert Discourse)으로 이것은 약속의 땅을 차지하게 된 40년간의 광야 유랑세대에게서 태어난 신세대에게 한 것이다.

히브리 성경에서의 신명기의 제목은 1장 1절 "이스라엘 무리에게

선포한 말씀이니라", 즉 "이는…… 말씀이니라" 첫 번째 단어 하뎁
하림(Haddebharim)에서 왔다. 유대인들은 오늘날도 신명기를 율법
의 반복(Mishneh Hattorah)이라고 부른다.

신명기의 주제:

"잊지 않도록 주의하라"

이스라엘은 듣고(50회), 하나님의 명령들을 "사랑의 마음"(21회)
으로 행하고 지키고 준수(177회)하라는 말을 듣는다.

제6강 세계관: 신약 교육

신약에서 사용된 "교육"은 '파이데이아'(*Paideia*)에서 나온 말로써 '양육', '윤리적 훈계', '아이를 훈련시킴', '가르침'의 뜻을 가지고 있다. 또 다른 언어로는 '디다스코'(*didasko*)는 '가르치다', '교화하다', '훈계 하다'의 의미를 가지고 있다. 신약에서 무려 58회나 사용되는 '디다스 칼로스'(*didaskalos*)는 '교훈의 스승'이라고 번역되어진다.

신약성경의 모범 교육은 크게 두 종류로 나누어진다. 예수 그리스 도의 교육과 제자들의 교육이 있다.

1. 예수 그리스도의 교육

제자들을 선택하여 교육 훈련을 시켰다. 방법은 실천 교육으로 당 시 서기관, 바리새인과는 크게 대조를 이루었다.

예수님 역시 교육자로서의 준비를 철저히 하셨던 분이다. 그의 90 회 연설 중 60회는 가르치는 일을 하였고 나머지 30회는 설교를 하였 다. 그분은 영적 지도자임에도 불구하고 스스로 지도자의 호칭을 쓰신 적이 없다. 그러나 그는 선생이라는 말로 자신의 위상을 대신하였다.

예수 그리스도는 기독교 교육의 내용이 될 뿐 아니라 기독교 교육 의 창시자이시다. 그의 기본적 사명은 가르침으로만 끝나는 것은 아 니었다. 예수님은 대속의 역사를 통해서 인간으로 하나님과 화해하 게 하시고 하나님 나라를 이룩해 가는 데 목적을 두었다. 이를 위해서 그의 전 사역을 통하여 3대 사역(가르치심, 선포하심, 치료하심)을 수행하셨다. 즉 예수님은 교육적 사역을 수반할 수밖에 없었던 것이다. 그러므로 우리는 그를 단순한 하나의 교사로서만 이해하기보다는 그의 구속역사와 직결된 교육적 사역 안에서 교사로서의 그리스도를 보아야 한다. 이를 통해서 우리는 기독교 교육의 본질을 이해할 수 있을 것이다.

1) 예수님의 교육 배경

a. 예수님은 어린 시절 유대 회당에서 교육 받으셨다(눅 2:41-51).

예수님은 신실한 유대가족에서 태어나셨다. 그래서 유대전통에 익숙해 있었다. 그분은 회당학교에서 토라를 배웠고 유대인의 규례를 따랐다. 그러하기에 그는 구약을 많이 인용하셨다. 그는 나사렛에서 자라면서 그 당시의 경제적 상태를 자세히 알고 있었을 것이다. 뿐만 아니라 그의 생애에 있어서 유대인들의 조직적 반항과 또 그 결과를 보았을 것이다. 로마의 잔혹한 군대 정치와 그 세력에 의한 문화의 변천도 익숙히 알고 있었을 것이다.

b. 예수님의 호칭……랍비(Rabbi), 랍비는 경외를 표하는 칭호로 유대 율법의 권위 있는 교사들의 호칭이다. 이는 직함이라 보기보다는 명예적인 것이다.

c. 예수님은 가르치시는 자였다. 그는 열심히 때나 장소를 가리지 않고 가르치셨다. 그러므로 사람들은 그를 선생님이라고 불렀다. 복음서에는 이 칭호가 42번 나온다(공관복음 35번, 요한복음 7번). 복음서에서의 예수님의 호칭(랍비 31번).

d. 예수님 또한 자신을 가리켜 '랍비'라 하였다(5번).

2) 예수님의 교육 내용

예수님의 교육 내용은 하나님 나라(Kingdom of God)였다. 바로 이 하나님의 나라는 예수 교육의 주제요 내용이었으며 하나님 나라의 주제는 바로 그의 교육적 방법과 행위를 결정지었다. 예수님은 천국의 비유를 설명하시기 위하여 어린아이의 비유로 설명하셨다. 그러므로 복음서에는 어린이에 관한 이야기가 많이 나온다. 예수님은 어린이에게 큰 관심을 갖고 있었다. 어린이들을 사람 수에 넣지도 않던 시대에 그는 그들을 지극히 높여주셨다. 천국시민의 모델로까지 부추겨 주신 것은 일대 혁신이었다.

예수께서는 "내 이름으로 이런 어린아이 하나를 영접하면 곧 나를 영접함이요"라고 하셨다. 예수께서는 어린이 한 사람 한 사람을 주님의 이름으로 하나의 인격을 지닌 사람으로 대해 줄 것을 강조하신다. 인간은 누구나 인간의 존귀성 때문에 영접을 받아야 한다는 것이다.

3) 교육의 장

예수님의 교육의 장은 제한이 없었다. 예수님은 회당 사원, 노변, 가정, 산상, 성전 어디서나 교육하였다. 그러나 잊지 말아야 할것은 예수님은 회당 중심교육을 행하셨다. 왜냐하면 유대의 교사들은 대부분 회당에 모여오는 사람들에게 규례에 따라 가르쳤기 때문이다. 그러나 예수께서는 군중과 함께 있을 때, 제자들과 함께 있을 때, 또는 개인적으로 만났을 때 평상시 생활 속에서 언제나 교육할 기회가 있을 때면 어디서나 가르치셨다.

4) 예수님의 교육 원리

성경은 기독교 교육의 원리를 분명하게 가르쳐 준다. 기독교 교육의 원리를 알기 위해서는 예수님의 교육 원리를 알아야 한다.

(1) 독창성에 의한 원리: 오랜 전통을 깨고 율법의 기본정신을 붙잡아 새로운 세대에 맞도록 새로운 의미를 부여하는 독특한 해석에 사람들은 매혹되었다. 낡은 것에 대한 신선한 재해석을 통해서 그림자를 쫓던 그들에게 새로운 실체와의 만남을 갖도록 유도하였다고 하겠다. "안식일에 대하여" "간음에 대하여" "이혼에 대하여" 등

(2) 사랑에 의한 원리: 예수님의 교육은 깊은 '사랑'에 근거하고 있었다. 그는 사랑하지 않고는 견딜 수가 없었으며 소문 없는 사랑을 베푸셨고, 그와 접촉하는 사람들과의 친밀한 교제를 통해서 하나님의 사랑의 위력을 보이셨다. 군중은 모두 사랑에 굶주린 사람들로 버림받은 문둥병자, 유리하는 무리들, 소외된 사마리아 여인, 멸시받던 사람들 등 이들에게 무한한 사랑으로 접근하심으로 육체적 병뿐만 아니라 영혼의 자유를 얻게 하셨다. 예수님의 교육 대상은 당시 사회의 소외된 자였다(과부, 고아, 병든 자, 포로 된 자 등).

(3) 자유에 의한 원리: 예수님의 교육 원칙은 권위주의적 또는 강압적인 전통의 교육이 아니었다. 하나님께서는 에덴동산에서조차 인간에게 거부할 수 있는 자유를 허락해 주셨듯이 예수께서도 인간의 자율적 결단을 중시하셨다. 예수님의 교육은 하나 하나의 인격을 존중하시어 철저히 인간의 자유의사를 행사하도록 권하셨다. 타율적이며 길들이기식의 강요된 교육을 기독교 교육에서는 배격해야 할 것이다. 예수님은 제자들을 선택하실 때에도 다양한 배경을 가진 자들 안에서 그들을 부르셨으며 그들에게 강요, 억압에 의한 교육이 아닌 섬기는 자의 모습(요 13장) 나누는 자의 모습(요 6장)을 통한 교육을 보여주셨다.

(4) 각성에 의한 원리: 예수께서는 스스로가 깨닫도록 하시기 위해 질문을 사용하셨다. 학습자가 생각하고 탐구하도록 돕기 위해서이다. 연역적인 방법보다는 귀납적인 과정을 많이 사용하여서 각성하도록 하셨다. 비유를 통한 교육을 많이 시도하셨다. 양의 우리 비유(요 10장), 포도나무와 가지의 비유(요 15장) 또한 잃은 양, 10개 드라크마, 탕자의 비유(눅 15장)를 들어 설명하셨다.

(5) 공동체생활에 의한 원리: 특히 예수님의 제자교육은 청중교육과는 달리 처음부터 공동생활체를 만드시고 평범한 생활경험 속에서 교사와 학습자 간의 깊은 관계를 이루어 만남을 통한 교육과 함께 실습을 통한 교육을 시행하셨다. 공동체생활 속에서의 인격과 인격의 만남은 제자들의 인격적 변화에 기초가 되었을 것이다.

5) 예수님의 교육 방법

첫째로 예화나 비유의 사용은 예수의 교육 방법의 가장 중요한 교육방법이다. 빛과 어두움, 소경이 소경을 인도하는 비유를 통해서 육신적 맹인으로 영적 맹인을 예증하기도 하셨다. 눈에든 가시, 포도나무, 잃은 양, 탕자, 선한 사마리아인 등 수많은 비유를 사용하심으로 청중의 마음에 밝은 빛은 던져 주었고 깊이 생각하도록 충동하셨다.

둘째로 예수님의 교육 방법은 학습자 중심이었다. 예수님께서는 학습자의 심정과 그 영혼의 갈구를 깊이 이해하고 통찰하고 있어서 학습자에게 꼭 필요한 것을 적용해서 말씀하셨다. 예수님의 강한 통찰력이 뜨거운 사랑과 합쳐져서 학습자의 영혼의 눈이 열리도록 도와주셨음을 보게 된다.

셋째로 예수님의 교육 방법은 실물, 실습 교육이었다. 생활 속에서 부딪히는 모든 것은 모두 하나님 나라의 진리를 가르치는 교재가 되었다. 예수께서는 실재의 삶의 경험을 통해 배우게 하셨다. 제자들을 불러 교육시키시고, 둘씩 전도실습여행을 보내셨다. 존 듀이는 "교육은 경험이다"고 큰 소리로 주장했지만 예수께서는 바로 1세기에 그 원리를 이미 사용하셨음을 보게 된다.

넷째로 예수님의 교육 방법은 상담의 방법이었다. 사마리아 여인과의 대화(요 4장), 음행 중에 잡혀온 여인을 향한 군중들과의 대화(요 8장). 복음서에서 우리는 예수께서 취하신 교육적 선교가 대체로 개개인에게 초점을 많이 두시고 계신 것을 찾아볼 수 있다. 그 바쁜 공생애기간 중에서 늘 많은 군중 속에 싸여 있었는데도 수많은 시간을 개인접촉에 할애하고 있음을 보여주고 있다. '작은 자' 하나에게 진리를 나누어주는 일에 모든 것을 쏟으시는 교육 방법은 오늘의 기독교 교육자들의 반성을 촉구하고 있다.

다섯째로 예수님의 교육 방법에는 신비한 권위가 있었다. 만나는 사람들이 변화를 받아 주님을 따라다녔고 진정한 회개의 눈물을 흘리기도 했고 또 그의 제자들은 무조건 자기의 생계유지의 도구를 다 버리고 주님을 따라나서게 된 이유는 무엇일까? 그것은 긴 설교가 아니라 감동적인 인격 자체 때문이라고 생각된다. 말씀 자체에도 서기관과 있는 신비한 인격적 감동이 그의 권위요 능력으로 역사한 것이라고 하겠다. 즉 교육자 안에 감추어 있는 신비한 능력과 권위에 의하여 기독교 교육은 이루어지는 것이다.

그 외에도 예수님의 교육 방법은 매우 다채롭다:

a. 대화법(요 4:1-26)

b. 반문법(마 21:23-27)

c. 격언법(눅 4:17-24)

d. 비유법(눅 15:1)

(세상의 소금, 세상의 빛, 무화과나무, 양과 염소, 달란트, 므나, 탕자, 잃어버린 동전, 그물, 진주)

e. 질문법(눅 10:36, 마 16:15)을 주님은 자주 사용하셨다. 그 이유는 다음과 같다:

① 예수님 자신이 누구인가? 알리기 위하여(눅 8:30)

② 감정을 표현하시기 위하여(요 3:10)

③ 알고 있는 자들에게 재차 회상시키기 위하여(막 2:25, 26)

④ 양심을 일깨우기 위하여(마 23:17)

⑤ 믿음을 유도하기 위하여(막 8:29)

⑥ 비판을 대항하여 꾸짖기 위하여(막 2:25-26)

f. 강의법(마 5:1-12)

예수님은 장소에 상관없이(산, 들, 강, 개인 집 등) 은유, 직유, 비유를 사용하시되 주고받는 대화법(Two way communications)을 사용하셨다

g. 시청각(마 6:26-34)

h. 생활 교육법(요 13:4-5)

i. 양심 반성법(요 8:9)

j. 주의법(보라!, 들으라!, 귀를 기울이라!, 회개하라!, 채찍을 드시고! 축사하심!, 죄 없는 자가 있느냐?)

k. 접촉점(병든 자를 찾아가심!, 아이들을 안아주심, 간음한 여인을 만나주심, 고아와 과부를 언급하심, 등)

l. 상징 이용법

상 징	의 미
성만찬	예수님을 기억함
십자가	희 생
제자들의 발을 씻기심	겸손, 섬김
종려주일 나귀 타심	영적인 왕이 되심
너희 발에서 티끌을 털고	정죄하는 증거

2. 제자들의 교육

제자들은 예수의 교훈을 연속적으로 전파하기 위해 동분서주했다. 그들의 교육은 예수님의 이적, 기적, 행적, 명령을 실행하기 위한 교육이었다. 그들은 선교사를 파송하여 초대교회를 이루고 신약 성경을 기록하여 그 후 교리 문답을 만들게 됨으로써 기독교 교육을 위한 교본이 보존되었다. 제자들은 예수님의 교육 목적, 목표, 방법, 그리고 교훈을 잘 이어받았다. 특히 예수님의 교육 방법 중 귀납법적 교육 방법을 따랐다.

귀납법에 의한 성경 공부

방 법	연역법	귀납법
1	리더가 중심 "나 중심"	회중이 중심 "우리 중심"
2	증명의 원리: 00은 00이다	발견의 원리: 00은 무엇일까?
3	One way 일방적 예) 하나님은 사랑이시다	Two ways 쌍방적 예) 하나님에 대하여 나누어 봅시다
4	지식전달, 암시 위주	인격발달, 토론 위주
5	적용이 취약	적용이 용이
6	십계명, 산상설교, 주기도문	너희는 나를 누구라 하느냐? 니고데모와, 사마리아 여인과의 대화

1) 본문을 읽고 본문을 이해한다.

2) 본문의 비유를 이해한다.

3) 본문의 배경을 이해한 뒤 본문이 말하고자 함을 적는다.

4) 본문을 이해하는 2가지 방법(거울과 창문)을 적용시킨다.

3. 예수님의 명령과 제자들의 사역

예수님의 일생(가르치심, 선포하심, 치료하심)의 기록은 신약 4권에 명백히 기록되어져 있다. 그러나 예수님의 승천부터 신약의 서신서들까지의 이야기가 기록된 것은 오직 사도행전뿐이기에 사도행전을 연구함은 매우 중요하다. 특히 성령께서 우리의 교사되심을 우리가 믿는 다면 성령의 사역에 대하여 누가는 사도행전을 통하여 설명하고 있다.

사도행전의 선교 모형도

범위	선교의 중심이 예루살렘		유대와 사마리아	땅 끝 전도	
선교	초대교회와 성령의 능력	교회의 핍박과 순교 그리고 교회의 성장	디아스포라 (흩어짐과 순교) 빌립과 에티오피아 내시(아프리카 선교), 즉 교회의 확산	사울이 이방인의 전도자가 되다. 사울에서 바울로 변화된 바울의 전도 여행(1 -3차)	바울의 재판 벨렉스 총독, 가이 사에게 상소 아그립바 왕에 게 전도 그리고 로마로 압송
	*부활, 승천 *사도 맛디 아 얻다 *오순절 성령 *베드로의 설교와 회심 *초대교회의 모습	*베드로와 요한: 앉은뱅이 고침 과 선포 *아나니아와 삽 비라의 죽음 *사도들의 표적 과 능욕 *일곱 집사 선출 *스데반의 설교 와 순교	* 사울이 교회를 박해 *사마리아에 복음을 전하다 *빌립의 전도 사역 (에티오피아 내시) *사울이 회개하다 *베드로의 병고침 (중풍병자와 도르가) *베드로와 고넬료 (이방인)와의 만남 그리고 이방인도 성령을 받음 *야고보의 순교	*안디옥 교회의 파송 *바울과 바나바 가 안디옥에서 전도 *이고니온 전도, 루스드라 전도 *바울과 바나바 갈라지다 *바울이 디모데 데리고 가다 *바울이 데살로 니가, 고린도, 안디옥, 에베소 에서 전도하다	*바울이 예루살 렘으로 가다 *바울이 잡혀 공 회 앞에 서다 *바울을 벨릭스 총독 앞에 세 우다 *바울이 가이사 에게 상소하다 *바울이 아그립 바 왕 앞에 서 다. 그리고 전 도하다 *바울이 로마로 가다
	행 1:1-2:47	행 3:1-7:60	행 8:5-12:25	행 13:1-21:16	행 21:17-28:31
선교 대상	유대인(베드로 중심)		사마리아인 (빌립 중심)	이방인(바울 중심)	
장소	예루살렘		유대와 사마리아	땅 끝까지 이르러	
방법	전도와 선교 E-0		전도와 선교 E-1 E-2	전도와 선교 E-0	
핵심	교회의 성장(church growth)과 확장(church expansion)				
주제	구약의 말씀, 역사적인 부활, 사도의 증거, 성령과 죄를 깨닫게 하는 능력, 그리스도 가 주가 되심				
토론	예루살렘에서 땅 끝 전도				

작성자: 한승돈 교수(E.D.D)

〈강의 특강〉 세계관: 바울의 신앙관

바울은 영적으로 강한 자이다

1. 바울은 준비된 자

바울은 로마식 이름이고 사울은 유대식 이름이다.

당시 그는 중요한 그리스문화, 로마 시민권, 히브리 종교적 요소를 모두 가지고 있다.

바울은 유대인 혈통에서 태어났으며, 바리새인으로 유대교의 교육을 받았으며 예루살렘에서는 가말리엘의 문하에서 공부하였다. 청년 때 이미 지도자로 인정되었다.

바울은 길리기아의 탁월한 도시인 타르수스에서 태어났다(행 21:39; 22:3).

그의 부모는 히브리 사람들이었으며, 유대교의 바리새파를 신봉했다(행 23:6; 빌 3:5).

그는 태어날 때부터 로마 시민권을 가지고 있었는데(행 22:28), 그는 학식 있는 바리새인인 가말리엘로부터 교육을 받았는데, 이 사실은 바울이 탁월한 가문 출신이었음을 시사한다(행 22:3; 5:34). 언어에 대해 말하자면, 바울은 적어도 그리스어와 히브리어에 능통하였다(행 21:37-40).

2. 바울은 예수 그리스도를 만난 자

바울은 처음부터 선교사역을 맡은 자로 또는 신학자로 출발함이 아니다. 그의 사역의 진정한 시작은 다메섹에서 그리스도를 만남(체험)

에서부터 시작했다. 바울이 말하는 체험이란 인간자신의 자의적인 힘에 의한 체험이 아니라, 바울의 체험은 그와 정반대로 예수가 나타나서 바울을 책망하고 넘어뜨리고 회개케 하는 불가항력인 강권적 외적의 힘에 의한 체험이기에 세상 사람들이 말하는 체험과는 다르다. 흔히 주변 사람들의 체험은 인간 중심인 인본주의이나, 바울의 체험은 예수님 중심의 신본주의이다. 이렇게 본질상 다른 체험을 하였기 때문에 언제나 거기에 나타난 예수를 말하며 자기를 말하지 않는다.

바울은 예수 그리스도와의 만남(체험)을 통하여 이전과는 다른 인격의 변화 신앙고백을 한다.

바울은 만남(체험)을 통하여 자기 자신이 완전히 죽는 체험을 했기 때문에 자기를 말할 때에도 "이는 내게 사는 것이 그리스도니 죽는 것도 유익함이니라"(빌1:21; 갈2:20; 롬14:7-8)고 하면서 그리스도는 살고 자기는 죽는 것을 항상 체험하면서, 다메섹의 체험을 생활의 필수조건으로 하고 있는 것을 말하고 있다.

그리고 바울의 체험은 사람들이 흔히 명상하는 가운데 무슨 비전을 봤다는 그런 것이 아니고 전 인생이 뒤집어지는 정확하게 말해서 죽었다가 살아나는 체험이다. 그러므로 그의 체험은 다른 종류와 비교할 바 아니다. 전 인생이 개조되었다는 이런 체험은 부활하신 예수가 거기에 나타나서 이런 사건이, 발생하였음으로 체험의 주동자는 그리스도이며 바울은 피동적으로 이런 엄청난 일을 당했을 뿐이다.

바울의 이 엄청난 사건 기록이 사도행전에 있는데 그 기록들을 종합해 보면 다음과 같다.

a. 때는 정오였고(행 22:6, 26:13)

b. 해보다 더 밝은 빛이 그를 비추었고(행 9:3, 22:6, 26:13)

c. 소리가 있었는데(행 9:4, 22:7, 26:14)

d. 히브리 방언으로(행 26:14)

"사울아! 사울아! 어찌하여 나를 핍박하느냐" 하기에(행 9:4, 22:4, 26:14)

사울이 "주여 뉘시니까"라고 했다(행 9:5, 22:8, 26:15).

여기에 이 사건을 살펴보면 이 사건의 전체를 예수가 지배하고 있고, 바울은 다만 "주여 뉘시니까"라고 한마디 했을 뿐이다. 여기서 바울의 체험의 성질은 하나님 측이 주동이 된 예수 중심의 사건임을 알 수 있다. 또한 그가 체험한 내용은 빛을 본 것이며 예수의 음성을 들은 것이다.

바울의 체험은 "맨 나중에 만삭되지 못하여 난 자 같은 내게도 보이셨느니라."

3. 바울은 오직 그리스도의 십자가를 증거하는 자

바울의 체험 중심 신학은 자연히 그리스도 중심 신학과 맥을 같이 한다. 그의 체험의 내용이 예수의 빛으로 보고, 또 그를 직접 만나고, 그 음성을 들었기 때문이다. 그는 이런 체험을 생각할 때마다 그리스도와 떨어질 수 없었다. 실로 그는 그리스도를 위하여 모든 것을 배설물로 내던지고(빌 3:8), 그리스도만 알기로 작정하고, 일편단심 그를 위하여 염려하고, 그리스도만 자랑하면서, 살든지 죽든지 그 몸에서 그리스도가 존귀케 되기 위하여 힘을 다하고, 사나 죽으나 예수의 것으로 그 생애를 일관했다(고전 2:2, 1:7, 1:31; 빌 1:20; 롬 14:8).

예수를 위하여 옥에 갇히기도 많이 하고, 매도 수없이 맞고, 여러 번 죽을 뻔했을 뿐 아니라, 유대인들의 사십의 하나 감한 매를 다섯 번이나 맞았고, 여행의 위험과 강도의 위험과, 광야의 위험과, 바다의 위험과, 여러 번 자지도 못하고, 주리며 목마르면서 예수를 전했다(고후 11:23-27). 이와 같이 바울은 예수를 떠나지 않기 위해서 고난을 당하면서도, "내가 확신하노니 사망이나, 생명이나, 천사들이나, 권세자들이나, 현재 일이나, 장래 일이나, 능력이나, 높음이나, 깊음이나, 다른 아무 피조물이라도, 우리를 우리 주 그리스도 예수 안에 있는 하나님의 사랑에서 끊을 수 없으리라."(롬 8:38-39 1-2, 14:7-8)고 하면서 자신의 신앙을 확신하고 있다.

바울 신학은 예수 그리스도 중심적이며 그의 종교는 예수 그리스도와 더불어 살며, 또한 주님께 응답을 받으며 사는 삶이다. 또한 바울 신학은 원칙적으로 구원론, 교회론, 종말론, 이 모든 것을 그의 사상의 중심 테마인 "그리스도 안에"(구원론), "그리스도의 몸"(교회론), "그리스도 안에"(종말론)에 있는 한 점에다 뿌리를 내리고 거기에서 새로 출발점을 이루고 있다(롬 14:7-9; 빌 1:20-22; 골 3:1-4). 바울 신학은 그리스도 중심적이며, 바울의 종교관은(갈 2:20; 고전 15:30; 갈 6:14-17) 자기를 부르신 주님과 더불어 사는 삶이며, 또한 그리스도에게 죽기까지 순종하면서 사는 삶이다. 특히 바울의 신학은 인간학적으로 해석하려는 현대의 종교적 실존주의와는 근본적으로 반대된다는 사실을 분명히 알아야 한다(빌 1:20-21; 고전 2:1-5, 2:13-14; 빌 3:7-9).

4. 바울은 "땅 끝까지 복음을 전하는 자"

제1차 전도여행은 48년경 구브로의 유대인 가운데서 사역한 것으로 시작된다.

이 기간에 바보, 버가, 비시디아, 이고니온, 더베, 안디옥, 수리아 등에서 사역한다.

제2차 선교는 바나바와 같이하며 되돌아간 마가요한(John Mark) 으로 다투게 되었고 실라를 택하여 갈라디아교회를 방문한다. 이때 청년 디모데를 알게 된다(행 16:1). 당시 디모데는 이방인이다. 그의 아버지가 헬라인이 때문이다(행 16:3).

이교도 철학자들 앞에서 강론하기도 하고 고린도에서 아굴라와 브리스길라 부부(롬 16:3)를 만나 천막 동업자를 만나게 됩니다. 그들의 집을 교회로 사용하기도 한다.

제3차 선교는 갈라디아와 브르기아 땅에서 제자들을 굳게 하고 3년간 에베소(행 19장)에서 사역하고 그동안 유대인에 의해 고소를 당하여 60년경 로마로 보내진다.

2년 후 석방되어 에베소 등에서 사역하다가 네로의 박해 시에 로마감옥에 갇히고 투옥 중 에베소서, 빌립보서, 골로세서, 빌레몬서 등을 쓰게 된다.

두 번째 투옥 때는 디모데후서를 기록한다.

66년경 로마에서 목이 잘려 순교를 당하는데 전해오는 말에 의하면 목이 떨어지면서 '예수아'(예수)라고 하였다.

5. 사도 바울의 교육

1) 교육자로서 바울

사도행전을 수리아 안디옥에서 행한 바울의 가르침을 언급함으로써 그의 이방선교에 대하여 기록하고 있다. 그 뿐 아니라 고린도 및 에베소와 같은 도시에서 가르쳤다는 것을 언급(행 18:11, 20:20)하고 있으며 그가 손수 셋방에서 2년간 계속 하나님 나라를 전파하며 주예수 그리스도에 관한 것을 가르쳤다고(행 28:31) 기록하며 바울의 교육행적을 끝맺고 있다.

바울은 자신이 그리스도에 관한 전승을 각 교회에서(고전 4:14, 살후 2:15) 그리고 그가 접촉하게 되는 '각 사람'에게(골 1:28) 가르쳤다고 한다. 그리고 그는 믿음 안에서 참아들인 디모데에게 권고하기를 에베소에서 목사 임무를 수행할 때 그르치는 일을 잊지 말라고 당부하였다. 그는 그 복음을 가장 단순한 필수 요소들로부터 축약하고 복음을 요점별로 분석하고 긍정적 정의나 부정적 정의에 의하여 복음의 의미를 드러내 주었다. 또한 메시지의 각 부분과 어떻게 연결되는가를 보여주며 그것의 함축적인 의미를 지적해 주었다. 이렇게 해서 듣는 이들이 그 의미를 파악했다고 확신이 설 때까지 그것을 설명해 주었다. 그의 가르침의 내용은 실로 광범위하다. 인간의 삶의 전 영역을 다루고 있다. 이 영역을 살펴보면 영적 생활과 윤리적, 사회적 관계 등 하나님께서 창조하신 모든 것, 죄에 감염된 모든 것과 그리스도를 통해서 구속하신 모든 것에 관계된 것까지 포함시킨다.

2) 바울의 인간이해

바울의 신학에서 인간의 근본 문제는 표면적인 것이 아니라 인간의 심층에 존재하는 하나님을 반역하는 자기중심적인, 즉 '죄'라고 규정한다. 그리스도의 속죄를 믿는 믿음으로 인간은 하나님과 화목하게 되며 그분과의 교제 안에서 새롭게 살도록 되었다고 한다.

3) 바울의 교육 목적

바울의 교육 목적은 각 사람을 그리스도 안에서 완전한 자로 세우

는 데 두고 있다(골 1:28). 각 사람이 그리스도 안에서 통합을 지향
하되 그리스도의 장성함에 이르도록 할 것을 목표로 하고 있다. 바
울은 성경 속에 있는 하나님의 계시는 바울의 교육과정의 핵심을 형
성하고 있다. 그래서 바울은 참교육의 주체자는 성령으로서 인간 교
육자는 그의 도구요 동역자일 뿐이라고 한다(고전 3:6-9).

4) 교육시행의 원칙

바울은 개인이든 단체든 어디서든지 가르치기를 힘썼다. 그는 회
당에서, 강가에서, 감옥에서, 아덴의 아레오바고 광장에서, 학교에서,
시장터 등에서 유대인이나 이방인이나 헬라인, 로마인이나 친구나
적이나 철학자나 군주나 왕을 가리지 않고 가르쳤다. 바울은 메시지
의 내용을 강조했지만 그 메시지를 전달하는 기술 역시 대단히 중요
시했다. 그의 교육 방법을 두 가지로 살펴보자.

첫째 그의 교육 방법은 교사 중심이 아니라 학습자 중심이었다.
예를 들면 안디옥 회당에서 유대인들 또는 하나님을 경외하는 사람
들이 대부분이었기 때문에 그들의 관심사인 유대의 역사와 성경에
관해서 가르치기 시작했다. 또 루스드라에서는 그들이 유대 전통과
희랍문화를 알지 못하는 사람들이었으므로 그 사람들이 사는 자연에
관하여 예를 들며 말을 시작한다(행 14:15-17). 둘째로 그의 교육
원칙은 참여시키는 방법을 썼다. 그의 설교는 독백만이 아니었다. 사
도행전에 보면 논쟁하였다는 말이 많이 나온다. 그는 의견을 달리하
는 문제를 취급할 때에도 당장의 상황에 대해 한마디도 반대하지 않
고 청중과 공감대를 이루러가면서 토의하는 부분을 인식시키면서 근
본적인 문제를 이해하도록 돕고 있다. 예를 들면 고기먹는 문제(고

전 8:14)에서 호소하듯이 약한 형제를 위해 사랑으로 그들의 자유를 조절하도록 권하고 있다. 이것 역시 억압적인 명령보다는 무엇보다도 그는 넓은 마음과 사랑으로 행동할 것을 호소하고 있다. 그는 오늘날까지 그리고 후대에 이루기까지 큰 영향을 미칠 위대한 교육자의 본보기가 될 것이다.

사울과 바울의 차이점을 나누어 보시오.

바울이 예수님을 만남 후의 신앙관을 나누어 보시오.

바울의 전도 여행(1, 2, 3 로마 전도)을 나누어 보시오.

제7강 세계관: 사도시대의 교육

예수께서 승천하시기 전 제자들에게 "가서 모든 족속으로 제자를 삼아 내가 너희에게 분부한 모든 것을 가르쳐 지키게 하라" 교육적 선교를 부탁하셨다(마 28:19-20). 제자들은 그 말씀대로 가르쳐 제자 삼는 일을 자기들의 지상 대 명령의 중심적 사역으로 알고 수행하였다. 즉 그들은 예수께서 동역자로 삼으셨을 때 사도로서의 임무를 수행하기 시작했다. 사도들이 순교의 정열을 안고 선교하며 교육에 헌신했다. 따라서 교회는 급속히 확장되어 예루살렘과 유대와 사마리아와 땅 끝까지 번져나가기 시작했다. 이렇게 적은 집단에서부터 시작한 기독교는 새로운 문화로써 일반사회에 점차 영향력을 미치게 됨에 따라 숱한 저항을 받게 되었다. 당시는 많은 사람들 속에 소수의 예수 그리스도를 따르는 자들이라 하여 '그리스도인'이라 칭함을 받게 되었으며 특히 유대주의자들의 핍박이 거셌었다. 그러므로 당시의 믿음의 선배(사도와 교부)들은 이상한 신비주의자들, 그리스 철학 또는 종교 철학운동, 금욕주의자들의 유혹 속에서 계속 경계하도록 교인들을 가르치며 교회를 확장시켜 가고 있었다. 특히 주후 64년 네로의 황제가 로마의 대화재 사건의 책임을 당시 증오의 대상이었던 기독교인들에게 돌려버렸다. 그럼에도 불구하고 많은 사도들은 이런 혼란 가운데서 순교를 당하면서도 말씀을 전파하며 가르치기를 쉬지 아니하였다.

케리그마(Kyrugma), 디다케(didache), 카테키시스(Catechisis)

케리그마란? _____

디다케란? _____

카테키시스란? _____

초대교회의 가장 두드러진 교육은 종말론적인 성격을 가지고 있었다는 것이다. 따라서 초대교회의 기본적인 성격은 '선포하는 교회'였다. 초대교회는 종말론적 교회론과 생활관을 가지고 있었기에 임박한 세상의 종말을 가르치려 노력하기보다는 긴박성을 가지고 다가올 심판 '종말'을 알리는 선포하는 교회라 볼 수 있다. 그러나 세월이 흘러가면서 시대의 종말론은 점차 시들어가고 사람들은 시대 속의 그리스도인의 삶에 대하여 교육하기 시작하였다. 즉 초대교회 역시 가르치는 교회로 바뀌었다. 그 이유는 다음과 같다:

1. 교회가 성장함에 따라 이방인이 그리스도교로 개종을 함에 따라서 교회는 이방인 개종자들에게 진리를 알려 주어야 했다.

2. 자녀들이 자라남으로 1세대의 직접적인 체험과는 달리 2, 3세대는 신앙의 체험이 약해져 감으로 그들에게 예수 그리스도의 십자가와 부활에 대한 교육이 필요했다.

3. 초대교회가 후기로 접어들면서 교회가 가르치는 사역을 하면서 기독교 교육의 내용을 정하여 가르치게 되었다. 특히 초기 사도시대에는 세 분야를 중점적으로 가르치게 되었다: 케리그마(Kyrugma), 디다케(didache), 카테키시스(Catechisis) 특히 카테키시스는 입문교육과 교리문답을 의미하는 것이다. 당시의 중점 내용은 다음과 같다:

동정녀 탄생, 십자가의 죽으심과 부활, 승천, 오순절 성령강림, 재림에 관한 것들이었다.

■ 사도들의 교육의 내용

당시에는 많은 이단, 거짓 교사, 잘못된 부활견해, 믿음과 행함에 대한 논쟁, 사도들의 신앙 고백 그리고 교회란 무엇인가에 대한 논쟁이 많았다.

1) 율법주의

율법주의에 상반 되는 견해가 바로 구원은 하나님의 선물이라는 것이다.

성경이 말하기를, 너희가 그 은혜를 인하여 믿음으로 말미암아 구원을 얻었나니 이것이 너희에게서 난 것이 아니요 하나님의 선물이라 행위에서 난 것이 아니니 이는 누구든지 자랑치 못하게 함이니라 우리는 그의 만드신 바라 그리스도 예수 안에서 선한 일을 위하여 지으심을 받은 자니 이 일은 하나님이 전에 예비하사 우리로 그 가운데서 행하게 하려 하심이니라(엡 2:8-10)

은혜란? 구약에서는 두 낱말 "불변의 사랑" "인자"란 뜻의 "헤세드"(chesed)란 의미로 "언약적 사랑"이란 말의 번역이 가장 적합하다. 신약에서의 은혜는 잃어버린 자를 찾아 구원하시려는 예수님이 가장 중요 요지이다. 그러나 율법주의 자들은 율법을 온전히 다 지켜야 구원 얻는 줄 알고 구원을 얻기 위하여 율법을 지키는 일에 온갖 힘을 다 쏟는 사람들이 있습니다. 이런 모습을 율법주의라 한다. 이러한 모습은 사도 바울이 전도여행을 다니던 그 시절에도 있었다. 당시 사람들은 모세를 통하여 전해 받은 율법을 온전히 지켜서 구원에 이르고자 힘쓰고 애썼다. 예수님을 믿지 않던 유대인들뿐만 아니라 복음을 오해하여 예수님을 믿는다고 하는 그리스도인들조차도 이런 자세를 가졌었다. 교회의 역사 속에서 중세 로마 가톨릭 교회(천주교)는 선행을 하여야 구원을 얻는다고 가르쳤다. 그래서 종교개혁자들은 이에 대해서 "오직 믿음"으로만 구원 얻는다는 바른 성경의 진리를 확립하였다.

2) 행동주의

초대 교회에서 거론되는 "이신칭의 와 이신득의"는 그야말로 믿음과 행함에 대한 그릇된 인식이었다. 당시의 행동주의 자들은 믿음과 행동의 관계성을 잘못 이해하여 행동주의를 믿음 보다 위에 두고 강조하였으며 그들은 야고보 사도의 "내 형제들아 만일 사람이 믿음이 있노라 하고 행함이 없으면 무슨 유익이 있으리요 그 믿음이 능히 자기를 구원하겠느냐"(약2:14) 말씀을 내세웠다. 그러나 실상 야고보 사도는 믿음은 그 자체로 머무는 것이 아니라 그리스도인들에게 행위와 실천을 요구하는 것이며 믿음이 있는 자는 열매를 맺게 되어 있음을 설명하여 준다.

야고보서 1:19-5:16	믿음의 특성
1:19-1:27	믿음은 말씀에 순종한다
1:19-1:27	믿음은 차별 의식을 제한다
2:1-2:13	믿음은 행위로 증명한다
2:14-2:26	믿음은 혀를 제어한다
3:1-3:12	믿음은 지혜가 생긴다
4:1-4:12	믿음은 겸손하게 만든다
4:13-5:6	믿음은 하나님을 의지한다

3) 복음주의

구원은 믿음으로 말미암아 주어지는 것이다. 그러나 우리가 구원받을 만한 자격이 있어서가 아니라 "전적인 은혜"이다. 이에 대해 복음주의 자들은 "그 은혜를 인하여 믿음으로 말미암아 구원을 얻었나니 이것이 너희에게서 난 것이 아니요 하나님의 선물이라"고 했다.

바울 사도는 전적인 복음을 위하여 존재하는 자이었기에 그의 주장은 다음과 같다.

첫째, 하나님의 "은혜에 인하여"(by grace)

둘째, 그 "믿음으로 말미암아"(through faith)서

셋째, "구원을 얻었다"(you have been saved)는 것이다.

그러므로 구원은 전적으로 "하나님의 선물"(it is the gift of God)이라는 것이 복음주의 자들이다.

4) 부활에 관한 변론

초대교회 많은 사람들이 예수님의 부활을 부정하였다. 당시에는 다양한 견해들이 있었다.

① 시체 도적설 (허위설): 제자들이 예수님의 시체를 훔쳐 내고는 부활했다고 거짓 소문을 퍼뜨렸다는 주장.

② 기절설: 예수님이 죽지 않고 기절한 상태로 무덤에 옮겨졌다가 무덤에서 의식을 회복하여 나옴으로 죽지 않고 잠시 기절 후 나왔다고 주장.

③ 환상설: 예수는 실제 부활하지 않았는데 예수를 사모하는 사람들이 예수의 환상을 보고 부활했다고 굳게 믿는 주장.

④ 신화설: 부활이란 예수가 죽은 지 100년이 지나고 나서야 곧 상상력과 각색으로 만든 교훈적인 전설에 불과하다는 주장.

이에 대하여 사도들은 예수님의 부활이 사실임을 입증하였다. 즉 부활의 주님을 생생하게 경험한 사람들이 있었다. 고린도 전서 15:4-6절. 첫째로 게바 (베드로)에게 보이시고, 다음은 열두 제자들에게 보이시고, 500여 형제들에게 일시에 보여 주셨다. 또한 제자들이 "우리가 부활하신 주를 보았다"고 도마에게 증거 했을 때에 믿지 못했던 도마도 부활의 주님을 고백했다. "나의 주시며 나의 하나님 이십니다." 이처럼 예수님의 부활은 그리스도인들 부활의 첫 열매이다.

5) 신앙고백의 배경

사도신경은 성경의 축소판이다. 왜냐하면 성경 6000년 역사를 모두 합쳐서 가장 중요한 진리를 말하라고 한다면 그것은 바로 사도신경이 될 수밖에 없다. 사도신경은 기독교의 기본 진리를 간단하고도 명확하게 나타낸 신앙의 요약문이다. 올바른 신앙 고백이 없다면 그 교회도 올바른 교회가 될 수 없다. 지상의 모든 교회는 이 사도신경의 신앙 고백 위에 세워졌다. 그러므로 사도신경은 교회를 교묘하게 파괴시키려는 이단의 침투에도 성도들을 지켜준다. 왜냐하면 사도신경은 기독교의 표준적인 신앙이기 때문이다. 사도신경은 어떤 사람의 개인적인 신앙 고백 문이 아닌 개인의 종교적 신념이나 자기중심적 신앙 표현이 아니다. 사도신경은 신앙 공동체인 교회의 공식적이고 성경적인 신앙 고백이다.

최초의 신앙 고백은 마태복음 제16장 16절에 나오는데, 베드로가 예수님을 향하여 "주는 그리스도시여 살아계신 하나님의 아들 이니이다."라고 고백하는 장면이다.

예수님께서 부활 승천하신 후 그 제자들은 교회를 세우고 하나님 나라를 선포하시며 믿는 자들 신앙생활의 본을 보이면서 복음을 전파해 갔다. 그러다가 당시 기독교인들에 대한 신아의 박해가 더하여 짐에 따라 신앙인 들은 박해를 피해 예루살렘에서 부터 세계를 향하여 흩어져 나가기 시작할 때, 신앙으로 하나가 되고 신앙적 전통을 지켜 나가기 위해 조항을 만든 것이 그 시작이다.

사도신경의 내용은 전지전능하신 하나님의 존재를 인정하는 것이며, 그 하나님을 나의 아버지로 고백하는 것이며, 온 천지와 모든 생물과 사람을 창조하신 창조주로서 하나님을 시인하는 것으로서, 이 모든 내용을 그대로 믿는다는 신앙 고백이다.

이는 예수 그리스도의 이름과, 하나님의 아들이심과, 구세주요 메시야임을 굳게 믿는다는 고백이며, 또한 하나님으로서 사람인 동정녀 마리아에게서 성령으로 잉태되어 탄생하신 것을 믿으며, 본디오 빌라도라는 총독에 의해 가장 극악한 죄수들을 사형시킬 때만 쓰는 십자가에 못박혀 죽으신 것을 믿는 신앙을 고백하는 내용이다.

이는 예수님의 죽으신 후에 일어난 일들과 앞으로 일어날 일들에 대한 내용이다.

예수께서 죽으셨다 사흘 만에 부활 하셨음과, 하늘나라로 승천하셔서 하나님과 함께 계시다가 때가 되면 이 땅에 다시 오시는데, 그때는 육신으로 초라하게 오실 때와 달리 온 인류를 심판하는 심판주로 오신다는 사실을 믿는 고백이다.

이는 "삼위 일체"를 고백하는 것으로, 성령님을 성부 하나님, 성자 예수님과 동일한 존재이시라는 사실을 고백하는 것이다. 성령의 역사하심과 감동하심으로 우리가 신앙을 가질 수 있는 것이며, 성령을 통하여 하나님께서 주시는 여러 은혜와 신령한 은사를 받을 수 있음을 인정하는 내용이다.

또한 기독교의 가장 핵심적인 부분인 죄를 사면해 주심을 믿는다는 것이며 이는 예수 그리스도께서 우리의 죄를 대신해서 피흘리시고 죽으신 것을 믿을 때 우리의 죄는 흔적조차도 남지 않고 사라지게 된다는 고백이다.

신약 성경 중 케리그마를 찾아보시오.

신약 성경 중 디다케의 예를 들어보시오.

사도 교육 시대의 특징을 나누어 보시오.

제8강 세계관: 제1세기 교회의 기독교 교육

1. 교부시대의 교회

교회적인 의미에서 교부란 교회학문에 대한 공적과 이들 생애의 거룩성에 의하여 교회가 인정한 교회의 저술가들을 말하는 것으로 믿는 자들의 아버지들이라고 불린다. 초기 기독교는 당시에 로마 사람들에게 그냥 하나의 종교로만 인식되었다. 그러나 기독교의 메시지가 로마 전국에 퍼지면서 점차 다른 종교집단과 갈등이 일어났다. 주후 64년에 네로 황제에 의해 교회는 큰 핍박을 받게 되었다. 당시의 교회 지도자들은 이러한 외적 핍박과 아울러 또 다른 도전에 직면하게 되었다. 그것은 교회의 내적인 갈등이었다. 그러한 교회는 철학적, 종교적, 윤리적 문제들에 대한 기독교 복음적 이해를 돕고 그것을 정리할 뿐 아니라 가르쳐 주어야만 하는 무거운 책임을 양면으로 져야 했다. 이를 위해서 당시의 교회는 유대인이나 이방인 누구나를 막론하고 입교하려고 하면 반드시 많은 교육을 시켜 확고한 믿음으로 성장하도록 기회를 배려하였다. 교부들과 여러 지도자들이 교회 교육 제도의 틀을 만들었다.

2. 교회 교육 제도

1) 초 신자 세례문답학교

당시에 초기 교회 안에 교회적인 요청에 의하여 최초로 제도적 형식적 교육기관이 생겼는데 이를 '초 신자 세례준비학교'라고 한다. 이 학교의 수학 기간은 2~3년이었다. 학생들은 3등급으로 나누어 교육했다. 청강반에서는 성경낭독을 경청하게 했다. 그 다음 단계인 기도반에서는 수업 후에 기도하도록 요청하였다. 이후 상급반에 진학하려면 성도로서의 생활 규범이 상급반에 합당하다는 증명이 있어야 했다. 고급반은 선별반이라고 하였고 여기서는 주로 교리와 예배의식 그리고 세례에 필요한 예비훈련이 포함되었다. 이 학교의 목적은 지식뿐만 아니라 교리와 생활의 훈련이었다. 이 학교는 450년까지 유지하다가 쇠퇴하고 말았다.

2) 교리문답학교

이 학교의 목적은 성직자들의 교육을 위한 것이었다. 교리문답학교 중 가장 유명한 학교는 알렉산드리아에 있었다. 그곳 역사 세례준비학교로 시작되었다. 유명한 클레멘트와 오리겐 등이 이 학교의 교장이었다. 다른 도시에도 이와 비슷한 학교가 있는데 예루살렘에 있는 에데사와 니스비스와 콘스탄티노플에 있는 학교였다. 이 학교들은 성직자만을 위한 것은 아니었지만 많은 성직자들과 지도자들을 교육하는 감독학교와 성당학교의 전신이 되기도 했다. 이 감독학교와 성당학교는 초대교회에 있어서 보다 발전된 교육기관이었다.

3. 교부들

1) 져스틴 마터(Justin Martry, 100~165)

로마에 있는 교리문답학교의 교사이며 유명한 저술가였다. 그는 플라톤철학의 측면에서 기독교를 체계화시키려고 했던 사람이다. 그는 기독교를 옹호하는 과정에서 두 가지 근본적인 문제에 직면하게 되었다. 하나는 기독교 신앙과 고전적 문화와의 관계이고 다른 하나는 기독교 신앙과 구약성경과의 관계였다. 그는 첫 번째 문제를 해결하기 위해 기독교 안에서 유대교가 현실화되었다고 한다.

2) 알렉산드리아의 클레멘트(Clement of Alexandria, 150~215)

헬라의 철학자였으나 기독교로 개종한 교사로서 철학으로 신앙의 보조적 역할을 하도록 노력하였다. 그래서 "철학은 세계를 그리스도에게로 인도하는 교육자"라고 하였다. 그의 저서 중에는 『이교도에게 보내는 격려문』이라는 책이 있다.

3) 오리겐(Origen, 185~254)

오리겐은 교부들 중에서 가장 뛰어난 저술가요 교육가로서 알려져 있다. 그는 이방적인 사아와 기독교사상의 접목을 추구했다. 그는 이성과 모순되어 보이는 성경구절들도 쉽게 져버리지 않고 이성적으로 이해하려고 하였다.

4) 크리소스톰(Crysostom, 347~407)

유명한 설교자로 알려진 그는 그의 저서 『자녀 교육에 대한 허영과 바른 태도』라는 책에서 청년을 위한 교리교육의 방법론을 제시하고 있다. 그는 구약성경의 이야기를 사용하여 흥미를 유발시킨다.

5) 터툴리안(Tertullian, 150~230)

원래 법률가였으나 개종하고 나서 변증가로서 활동을 했다. 그는 기독교를 반대하는 사람들을 위해서 '변증학'을 그리고 초신자의 세례와 관련된 교육의 필요성에 관한 몇 권의 책을 저술하였다.

6) 아우구스티누스(Augustinus, 354~430)

북아프리카의 감독이요 교부인 그는 이교도인 아버지와 신실한 기독교적인 어머니 사이에서 태어났다. 그는 자신의 스승인 암브로스로부터 많은 영향을 받았다. 그는 자신의 부도덕한 과거 생활과 씨름하며 번뇌하다가 마침내 로마서 13장 13~14절의 말씀에 부딪혀 크게 변화되었다. 그는 397년에 『기독교교육과 고백』을 펴냈는데 그의 저서에서 그는 "기독교 교육의 목적은 평신도이든 목회자이든 간에 기독교 교육자를 위한 교수지침을 준비하려는 것이다"라고 규정하고 있다. 이 책의 4권에서 교수방법에 관해서 기록하고 교육학에 공헌한 바가 크다고 본다. 그는 가르치는 데 있어서 언어 그 자체만으로는 부적당하다고 한다. 언어 외에 기호(예를 들면 몸짓) 등이 교수에 도움을 줄 수 있는데 이것을 현대적인 술어로 말한다면 교수는 관계를 통해서 일어난다고 말할 수 있을 것이다. 그리고 학습은 태도와 행위의 변화도 포함한다고 했다. 그에게 있어서 교육한다는 것은 독재적 재제나 강제성보다는 용기와 자극을 주는 일이라고 한다. 그러므로 교사는 학생이 발견하고 탐구할 수 있도록 동기 유발을 줄 수 있는 전문적 기술을 가지고 있어야 한다. 그리고 교사는 학생들에게 모범이 되어야 하고 학생들을 충분히 발전되고 성숙시키기 위해 최선의 것을 보여주어야 한다. 그는 교육 방법에 과학적인 방법을 도입하고 있다. 그는 개인의 필요에 따라서 교육해야 한다고 한다. 그러므로 교육이 목표하는 것은 단순히 진리에 대하여 듣도록 하는 것이 아니라 진리를 배우도록 하고 반드시 교사는 학생들의 반응을 살펴야 한다고 한다.

4. 3-4 세기

콘스탄틴(Constantine) 313년 기독교가 국가 인정
테오도시우스(Theodosius) 381년 기독교 로마제국의 국교
아타나시우스(Athanasius) 397년 정경의 공식화 교회 내 인정

세례를 위한 교육 기관(Catechumenal System)

초대 교부들의 초 신자를 위한 교육 기관 3년간 교육시킨 뒤 세례 클레멘트(Clement)와 그의 제자 오리겐(Origen)이 기독교 사상가로 일하였다.(기독교 교육 원론 김득룡 p.25-48)

오리겐……교수법은 소크라테스적 "대화법"

5. 종교 개혁과 기독교 교육

루터(Luther): 부모들이 성경을 자녀들에게 가르칠 책임. 가정교육이 중요함을 강조(기독교 교육학 개론 이종식 저 p.175-189)

1) 가정교육: 부모 교육 예배, 성경 읽기, 찬송, 신앙 고백
2) 학교교육: 부모가 자녀의 첫째 교사가 중요. 학교 학과목 종교, 고전어, 역사, 음악, 수학, 자년 과학
3) 종교교육: "성서 교육을 안 하는 학교의 정문을 지옥문"이라 하였다

칼빈(Calvin): 종교 개혁자, 신학자, 주경학자, 교육학자, 설교자.
교회는 젊은이를 가르칠 의무가 있다. 요리문답 지
침서
칼빈은 의무교육 강조…… "자녀를 학교에 보내기를
꺼려하는 부모는 시민권을 박탈하는 벌을 가하라"

1) 하나님 말씀 성경 권위
2) 바른 신학
3) 기독교 신앙과 윤리
4) 교사와 설교자의 자질
5) 가난한 자들에게 봉사 강조
6) 교육의 중요성 강조

칼빈의 3대 생활 원리
1) 하나님 중심(God - centered)
2) 성경 중심(Bible - centered)
3) 교회 중심(Church - centered)
루터는 교회의 정치를 정부의 손에 위임
칼빈은 정치적 세력으로부터 교회의 독립
종교 교육자들(루터와 멜랑톤)은 대학교 교육에 큰 영향을 끼침

제9강 세계관: 예수 그리스도의 사역

<u>예수 그리스도 사역(일)을 소개합니다</u>

최고와 최대 모델자는 예수님이십니다. 인류의 스승 되신 그리스도의 교육과 사역을 살펴보고 본을 삼아 따라가야 합니다. 주님의 사역자가 목회지 또는 선교지에서 주님의 일을 할 때 우선 순위를 정하여야 한다. 어떤 일을 어떤 내용을 가장 먼저 목표로 잡고 일을 하여야 하는지 성경 안에서 연구하여야 할 것이다.

<u>예수님의 3대 사역 중 첫 번째 사역: "예수님은 천국 복음을 선포하였다."</u>

1. 선포하신 목적:

A. 주님의 일 "복음" 사역을 알리기 위하여(마 3:1−12)

B. 구약은 아브라함과의 약속이며 오실 그리스도를 증거하기 위함. 이는 곧 하나님의 영광을 위함(시 96:2)

C. 베드로는 유대인들에게 바울은 이방인들에게 복음을 듣지 못한 불신자들을 믿게 하기 위하여(행 2:14−41)

D. 씨 뿌리는 비유로 복음 "하나님의 나라" 비밀을 깨우치게 하기 위하여(막 4:9)

E. 곡식과 가라지 비유(마 13:24-30), 겨자씨 비유(13:31-32), 누룩 비유(13:33-35), 감추인 보화(13:44), 진주 비유(13:45-46), 그물 비유(13:47-50)

2. 선포의 유익성:

A. 백성이 깨우치고 회개의 기회가 됨 "양심의 회개"(행 2:37) (마 4:17)
B. 하나님의 공의가 드러남 "하나님의 규례"(신 4:8) (마 5:6, 10절)
C. 하나님의 의가 드러남 "사랑과 율법의 관계"(시 40:10) (마 5:17-20)
D. 하나님의 은혜와 긍휼 베푸심을 드러내기 위하여 "병고침, 귀신 추방"(사 61:1-2) (마 4:23-25)

3. 선포의 내용:

A. 하나님 나라(막 1:15)
B. 천국 복음(마 4:23)
C. 하나님 나라(마 12:28)
D. 의인의 구원(마 5:2)

세계관: 예수 그리스도의 사역 Ⅱ

예수 그리스도 사역(일)을 소개합니다

　예수님은 인류 역사상 최고의 교사이시며 모든 교사들의 모델이다. 인류의 스승 되신 그리스도께서는 비유, 은유, 반문, 대화법 등 다양한 방법을 사용하였다. 예수님의 3대 사역 중 첫째가 천국 복음 선포 (Proclamation)였으며, 둘째는 '가르치심(teaching)'이십니다. 예수님의 가르치심의 권위와 방법에 대하여 연구하여야 할 것이다.

마 4:23: 회당에서 가르치시며 마 13:54: 그들의 회당에서 가르치시니 마 28:18-20: 모든 것을 가르쳐 지키게 하라	
1. 예수님은 지혜 있게 가르쳤다 　하나님의 지혜로 가르치심	(막 5:43, 마 13:10-17) (고전 12:3)
2. 예수님은 능력 있게 가르쳤다 　하나님의 능력으로 가르치심	(막 1:22) (고전 2:4)
3. 예수님의 세계관: 윤리와 율법 1. 살인(마 5:20-26) 2. 간음(마 5:27-30) 3. 이혼(마 5:31-32) 4. 맹세(5:33-37) 5. 원수 갚음(5:38-42) 6. 사랑(5:43-48) 7. 구제(6:1-4) 8. 기도(6:5-15) 9. 금식(6:16-18) 10. 재물(6:19-34)	예수님은 비유로 가르치셨다: 씨 뿌리는 자와 씨(마 13:1-8), 가라지(마 13:24-30), 겨자씨(마 13:31-32), 누룩(마 13:33), 감추인 보화(마 13:44), 값비싼 진주(마 13:45-46), 그물(마 13:47-50), 달란트(마 25:14-30), 열므나(눅 19:11-27), 무익한 종들(눅 17:7-10), 밤중에 찾아온 친구(눅 11:5-8), 바리새인과 세리(눅 18:9-14), 선한 사마리아인(눅 10:30-37), 잃은 양(마 18:12-14, 눅 15:3-7), 잃어버린 드라크마(눅 15:8-10), 탕자(눅 15:11-32), 빚진 두 사람(눅 7:41-43).
4. 예수님은 사랑으로 가르치셨다…… 　예수님은 사랑을 가르치셨다……	(요 13:14, 마 22:34-37, 마 16:24-27) (요 13:34, 요 19:30)
5. 예수님은 자상하게 가르치셨다	(마 17:24-27)
6. 예수님은 권위 있게 가르치셨다	(미 7:28-29)

작성자: 한승돈 교수(E.D.D)

세계관: 예수 그리스도의 사역 Ⅲ

예수 그리스도 사역(일)을 소개합니다.

예수님은 치료자이시다. 예수님은 말씀으로 모든 병든 자와 약한 자를 치료하셨다. 그러나 예수님의 치료하심은 믿음과 순종 그리고 하나님을 향한 뜻이 있다. 예수님의 3대 사역 중 첫째가 천국 복음 선포(Proclamation)였으며, 둘째는 '가르치심(teaching)', 셋째는 치료하심(Healing)이다. 예수님의 치료하심의 권위와 방법에 대하여 연구하기 바란다.

마 4:23: 병과 악한 것을 고치심으로 교육하셨다

예수님은 이곳저곳을 다니시며 지역과 시간에 매이지 않고 치료해 주셨다.
두로와 시돈: 이방여인을 고치심
갈릴리 지역 산: 많은 병자를 고치심
데가볼리: 4천 명의 이방인을 먹이심

---

1. 병고침을 받을 수 있는 자들:

1) 하나님을 믿는 자(왕하 20:1-10),
2) 그리스도의 능력을 믿는 자(마 8:20),
3) 병 낫기를 위하여 기도하는 자(사 38:1-8),
4) 주의 영광을 위하여 예비 된 자(요 9:30),
5) 주의 긍휼을 끝까지 믿는 자(마 15:22-28),
6) 주의 말씀을 순종하는 자(요 9:7).

2. 예수님의 치료방법

1) 직접 안수(마 8:15)
2) 귀신을 쫓아냄으로(막 2:5)
3) 죄를 용서하심으로(막 5:2)
4) 소망을 물어보심으로(막 10:31)
5) 믿음 확인으로(마 15:22-28)

---

3. 예수님의 치유 내용, 의미, 내용, 방법

1) 예수님 치유 내용: 육체를 치유하심, 영혼을 치유하심(눅 17:19), 죄를 사하심의 치유(눅 23:42).

2) 예수님 치유 의미: 하나님 나라 도래의 표적(마 12:28), 하나님 나라의 사랑을 알림(마 12:21).

3) 예수님 치유 방법:

벳세다에서 소경이 눈을 뜸(막 8:22-26), 나면서부터 소경된 자를 고치심(요 9:1-41).

나사로를 다시 살리심(요 11:1-45), 귀신들린 자를 고치심(막 5:1-20, 눅 8:26-39).

아이로의 딸을 살리심(막 5:22-24, 눅 8:41-42), 38년 병자 고치심(요 5:1-18).

열두 해 된 혈루병자 고치심(마 9:20-22, 막 5:25-34), 베드로의 장모 고치심(마 8:14-17).

귀신들려 간질하는 아이(막 9:14-29), 귀신들려 눈멀고 벙어리 된 자(마 12:22).

귀신들려 벙어리 된 자(마 9:32-34), 회당에서 귀신들린 자(마 1:23-27, 눅 4:33-36).

작성자: 한승돈 교수(E.D.D)

제10강 세계관: 21세기 현대의 철학 사조

1. 다원주의(Post - Modernism)

	성경적 기독관	뉴에이지 범신론
신관	하나님은 삼위일체이시며 창조주이시며 인격체이시다	만물 그 자체가 신이며 신은 양면성이 있다. 즉 (선과 악)이 동시에 존재한다.
인간관	하나님의 형상대로 창조되었으며 모든 인간은 죄인이기에 예수 그리스도의 보혈로만 구원받을 수 있다. "전적 타락" "은혜로만 구원받음"	인간은 곧 하나님이며 인간은 인간이 깨닫지 못하는 무한한 잠재력이 있고 환생할 수 있다. "인간 우월성" "인간 찬미설"
신앙관	하나님은 전능하시며 하나님의 능력을 신앙하며 하나님의 계획, 섭리와 목적에 따라 움직인다.	인간의 무한적인 잠재력을 의지하며 인간의 의지만큼 실현되는 것을 의지한다.

2. 이기주의(개인주의): 내가(나만) 잘되면 OK

3. 여성 중심시대(Feminine)

Femina(여성)에서 나온 말로 여권주의, 여권 확장론, 남녀 동권론(Sexual Identity)

결과) 미혼모 증가, 여성 참성권 강화, 이혼율 증가, 가족의 파괴.

4. 혼합시대(Fusion)

녹차와 원두커피의 혼합, 콜라와 소주의 혼합, 다양한 음악 장르 그 모든 것이 건강으로 이어진다: 들어서 건강에 좋구 먹어서 건강에 좋구……

5. 감각시대(Feeling): 모험심 번지점프, 롤로 코스트, 배낭영행
6. 가상공간시대(Fiction): 감성주의 느낌이 주는 영상 문화 인터넷, 게임 문화 공간을 뛰어넘는 시대, 롯데월드(Dynamic 극장)
7. 꿈이 없는 세대: 미래는 없다 현실에 만족하라
8. N세대의 New Age와 Post Modernism 포스트모더니즘(탈근대주의, 탈 현대주의)

* 과학주의 비판, 전쟁에 따른 생태계 파괴로 인한 혐오감
* 미래의 모든 것이 불확실하다
* 다원주의 사상 대두: 예수만이 구원자는 아니다
* 종교 통합

1998년 2월 24일 KBS 9시 뉴스 불계 조계종의 송월주 종정이 천주교 평화의 마을을 방문하였으며, 시인 승려 법정이 명동 성당을 방문하였으며, 천주교의 김수환 추기경이 법정이 세운 절에 참가하여 친히 경축사를 하는 등 종교 통합에 주저함이 없는 모습이었다.

* 4차원의 세계 뉴미디어, 지식의 폭발, 정보의 물결, 사이버스페이스(cys는 "혼" encyclopedia)에서 온 말
* 딩크족, 현대판 쾌락주의자들

DINK(Double income, no kid)족이란 글자 그대로 아이를 낳지 않고 부부가 맞벌이하는 사람들을 말한다. 이들은 신체적으로 아이를 못 낳는 불임도 아니요, 부득이한 사정으로 출산을 연기하고 있는 것도 아니다. 단지 인생을 즐기기 위해 출산을 하지 않는 것이다. 부

부가 모두 돈을 벌기 때문에 수입이 두 배가 되고, 거추장스러운 아이들이 없으니 풍족하게 살 수 있을 뿐만 아니라 여름, 겨울에는 부담 없이 바캉스를 즐길 수 있다. 게다가 살다가 싫증이 나면 아이들 때문에 골치를 썩이지 않고 간단하게 이혼할 수 있다는 기막힌 이점(?)이 있다는 것이다. 역사상 가장 지독한 쾌락주의자들이라고 할 수 있다.

* Cinderella Syndrome and Ondal Syndrome

(신데렐라와 온달 신드롬)

결혼을 통해 경제적, 사회적 신분의 급작스런 상승을 기대하는 심리를 여자인 경우는 신데렐라 신드롬(Cinderella syndrome)에 빠지였으며, 남자인 경우는 온달 신드롬(Ondal syndrome)이라고 부를 수 있을 것이다. 길게 설명할 필요도 없이 신데렐라처럼, 온달처럼, 낮은 신분의 사람이 우연히 왕자나 공주와 기연(奇緣)을 맺어 입신출세하려는 심리를 말한다. 동서고금을 막론하고 대부분의 처녀들에게 신데렐라 신드롬이 있음은 잘 알려져 있으나 요즘은 온달 신드롬을 가진 총각들도 늘고 있다.

* 여권운동

남녀 간의 차이는 기능적인 차이요 역할의 차이일 뿐이다. 하나님께서는 처음부터 남자는 남자로서의 기능을, 여자는 여자로서의 기능을 잘할 수 있도록 신체적, 생리적, 정서적, 영적 특성을 주셨다. 남자가 가장이 되고 가정을 다스리는 것은 하나님께로부터 받은 책임이지 특권이 아니다. 남편은 아내를 생명보다 더 사랑하고(엡 5:25) 아내는 남편에게 기꺼이 순종해야 한다(엡 5:22-24)는 성경의 가르침은 바울의 시대에만 적용되는 원리가 아니다.

최근에 남녀 간의 기능적 차이(functional difference)를 성적인 차별(sexual discrimination)로 보고 이를 해소하는 것을 여권 신장이라

154

고 하는 주장은 성경적이지 못하다. 한때 대학가에서 유행하고 있는 "남성다움과 여성다움의 신비를 폭로한다", "자주여성 민주남성, 대동 한마당" 등 제하의 각종 여권 단체의 행사는 제목부터 다분히 비성경적이다.

* 해체주의 anomie는 nomos의 상실이다. 다시 말하여 이는 곧 "가치전도"(무너지는 가정) 1940년대 이혼……14%, 1960년대 이혼……50%.

anomie의 어원은: 무법·무질서의 상태, 신의(神意)나 법의 무시를 뜻하는 그리스어 아노미아(anomia)로서, 중세 이후 사용되지 않다가, 뒤르켐이 「사회분업론」(1893)과 「자살론」(1897)을 통하여 근대사회학에 부활시켰다. 그는 이 말을 일정한 사회에 있어서, 구성원의 행위를 규제하는 공통의 가치나 도덕적 규범이 상실된 혼돈상태를 나타내는 개념으로 사용하였다.

nomos의 어원은: 소피스트들이 사회, 제도, 도덕, 종교 따위를 자연과 대립시켜 이르던 말.

anomie를 설명함에 있어서, 뒤르켐에 의하면, 사회적 분업의 발달은 사회의 유기적 연대(有機的連帶)를 강화하지만, 이상(異常)상태에 있어서는 사회의 전체적 의존관계가 교란되어, 무규제·무통제의 분업이 사회적 아노미 상황의 원인이 된다고 한다. 뒤르켐 이후에도 아노미의 개념은 현대사회학에서 사회해체(社會解體) 현상을 분석(分析)·기술(記述)하는 유효한 개념으로써 사용되기도 한다.

뒤르켐의 '아노미'(Anomie) 개념은 이러한 규범의 상대적인 성격을 잘 보여주고 있는데, 아노미는 전통사회가 산업사회로 이행하는 과정에서 전통적인 규범이 붕괴됨으로써 생겨나는 일종의 규범의 무정부상태를 일컫는 말이다.

　* 무규범 상태

　자살에 관한 뒤르켐의 분석에 따르면 규범적 통합이 강한 집단에서는 자살률이 낮은 반면에 규범적 통합이 약한 집단에서는 자살률이 높다고 한다. 이것은 결국 규범적 통합이 정도에 따라 일탈적 행동이 나타날 확률이 다르다는 것을 의미하는데, 현대와 같이 다양한 규범들이 공존하고 있는 사회에서는 아노미가 일상적인 현상이라고 할 수 있다. 그런데 사회화 과정에서 아노미, 즉 무규범상태(normlessness)가 가져다주는 효과는 무엇보다도 자아정체성의 혼란 또는 위기라고 할 수 있다. 사회변동에 따라 규범이 급격히 변동하고 있거나 또는 다양한 규범들이 혼재하고 있는 상황에서, 사회화는 규범적인 일관성을 유지하기 어려우며 따라서 안정적인 자아정체성을 부여하지 못한다. 게다가 개인이 성장하면서 사회적 위치를 이동해 감에 따라 이러한 규범적 다양성은 더욱 심화될 수 있기 때문에, 자아정체성의 혼란 역시 더욱 심화될 수 있다.

　이러한 상황에서 정체성 위기를 적절히 극복할 수 있는 방법은 그저 새로운 가치관, 규범, 행동양식에 개방적인 태도를 가지는 정도이다. 예를 들어 가정에서는 자녀들이 성적인 표현에 노출되지 않도록 하고 성욕을 억제하도록 교육하지만, 대중매체에서는 성적인 표현이 더 심화되고 또 성욕을 부추기기도 한다. 한쪽에서는 환경을 살리기 위해 소비를 줄이고 절약해야 한다고 하지만, 다른 쪽에서는 자기 돈으로 자기가 쓰는데 무엇이 문제냐고 말하면서 소비를 통해 끊임없이 자기를 과시하라고 한다. 이러한 사회적 환경에서 개인들은 동일시의 중심적인 대상이 누구이고 또 무엇인가에 따라 서로 다른 규범, 가치관, 인성을 형성하게 되지만, 때로는 지속적으로 가치관혼란 또는 정체성 위기상태에 빠져 있기도 한다. 그리고 자아정체성의 혼

란이 장기적으로 지속될 경우 신경증에 걸리거나 비행 또는 일탈적
행위에 빠져들기 쉬우며, 심한 경우 범죄로 나아갈 수 있다.

〈강의 특강〉 세계관: 일반들의 좌우명은 무엇인가?
"가치관"(Core-Value)

기독교인의 가치관을 나누어 보자. 국어 사전적으로 가치관이란?

*가치관(價値觀): 한 개인의 그 동안의 경험에 의해 축적되고 형성된 내면세계, 인생관, 세계관을 총체적으로 드러낸 말로, 이는 흔히 한 개인의 성격(性格), 인격(人格)이라고 말하죠. 그런데 이는 후천적(後天的)인 생각, 의견, 판단 등의 지적(知的) 요소와 선천적(先天的)인 감각과 밀접한 감정, 느낌 등을 말하는 정서적(情緖的) 요소를 아울러 말하기도 한다.

인생관: 인간, 인간의 삶을 바라보는 눈, 즉 한 개인의 인생에 대한 관념(사상)이 긍정적이라든지, 부정적이라든지, 건전하다든지, 또는 불건전하다고 말하는 그 사람의 인간 됨됨이를 이름. 각 개인의 가치관을 논하기 이전에 한국의 유명 인사들의 가치관(좌우명)을 알아보자.

한국의 유명인사 100인의 좌우명

01. 조선시대 거상 임상옥 – 재물에 있어서는 물처럼 공평하게 하라
02. 유기회사 이승훈 창업주 – 땅속의 씨앗은 자기의 힘으로 무거운 흙을 들치고 올라온다
03. 경주 최 부잣집 백산상회 최준 창업주 – 사방 백 리 안에 굶어 죽는 사람이 없게 하라
04. 유한양행 유일한 창입주 – 기업은 사회를 위해 존재한다
05. 금호아시아나그룹 박인천 창업주 – 신의, 성실, 근면

06. 샘표식품 박규회 창업주 - 옳지 못한 부귀는 뜬구름과 같다

07. 코오롱그룹 이원만 창업주 - 공명정대하게 살자

08. 경방그룹 김용완 명예회장 - 분수를 알고 일을 즐긴다

09. 효성그룹 조흥제 창업주 - 덕을 숭상하며 사업을 넓혀라

10. 삼성그룹 이병철 창업주 - 수신제가치국평천하

11. LG그룹 구인회 창업주 - 한번 사람을 믿으면 모두 맡겨라

12. 쌍용그룹 김성곤 창업주 - 인화(人和)가 제일 중요하다

13. 현대그룹 정주영 창업주 - 시련은 있어도 실패는 없다

14. 벽산그룹 김인득 창업주 - 남과 같이해서는 남 이상 될 수 없다

15. 교보생명 신용호 창업주 - 맨손가락으로 생나무를 뚫는다

16. 대림그룹 이재준 창업주 - 풍년 곡신은 모자라도 흉년 곡식은 남는다

17. 개성상회 한창수 회장 - 아름답고 평범하게 살자

18. 한진그룹 조중훈 창업주 - 모르는 사업에는 손대지 말라

19. 대상그룹 임대홍 창업주 - 나의 도는 하나로 꿰뚫고 있다

20. 한화그룹 김종희 창업주 - 스스로 쉬지 않고 노력한다

21. 롯데그룹 신격호 창업주 - 겉치레를 삼가고 실질을 추구한다

22. SK그룹 최종현 회장 - 학습을 통하여 스스로 문제를 해결한다

23. 을유문화사 정진숙 회장 - 차라리 책과 더불어 살 수 있는 거지가 낫다

24. 두산그룹 박용곤 명예회장 - 분수를 지킨다

25. 금호그룹 박정구 전 회장 - 의가 아닌 것은 취하지 말라

26. 동원그룹 김재철 회장 - 모든 일에 정성을 다하자

27. 두산그룹 박용오 회장 - 부지런한 사람이 성공한다

28. 우리금융그룹 윤병철 회장 - 아직 배가 12척이나 있고 저는 죽지 않았습니다

29. 광동제약 최수부 회장 - 자신이 하고자 하는 일이 있다면 끝까
    지 완수하자
30. 미래산업 정문술 창업주 - 미래를 지향한다
31. 현대자동차그룹 정몽구 회장 - 부지런하면 세상에 어려울 것이 없다
32. 두산중공업 윤영석 부회장 - 정성이 지극하면 하늘도 감동한다
33. 캐드콤 김영수 대표 - 충분히 생각하고 단호히 실행하라
34. 아티포트 김이현 회장 - 사슴은 먹이를 발견하면 무리를 불러
    모은다
35. SK텔레콤 조정남 부회장 - 하는 일마다 불공을 드리는 마음으
    로 대하라
36. 동양화재 정건섭 대표 - 크고자 하거든 남을 섬겨라
37. 연합캐피탈 이상영 대표 - 물은 모두를 이롭게 하지만 다투지
    않는다
38. 삼우무약 이성희 회장 - 이득은 적당히 탐해야 한다
39. 원일종합건설 김문경 회장 - 지나친 것은 미치지 못하는 것과 같다
40. 삼성그룹 이건희 회장 - 경청
41. 현대모비스 박정인 회장 - 인내
42. LG칼텍스정유 허동수 회장 - 처지를 바꾸어 생각한다
43. 코오롱건설 민경조 대표 - 덕은 외롭지 아니하고 반드시 이웃
    이 있다
44. 한국타이어 조충환 대표 - 밝고 적극적인 삶의 태도를 지니자
45. 현대산업개발 이방주 대표 - 우주는 무한하고 인생은 짧다
46. 삼성물산 배종렬 대표 - 깊은 강은 소리를 내지 않는다
47. 현대아산 김윤규 대표 - 부지런하면 굶어 죽지 않는다
48. 만도 오상수 대표 - 나의 발자국이 뒷사람의 이정표가 되리라

49. KT 이용경 대표 - 노력한 만큼 거둔다

50. LG그룹 구본무 회장 - 약속은 꼭 지킨다

51. 웅진그룹 윤석금 회장 - 나를 아는 모든 사람들을 사랑한다

52. 벽산 김재우 대표 - 계획은 멀리 보되 실천은 한 걸음부터

53. 아시아나항공 박찬법 대표 - 효도는 모든 행동의 근본이다

54. 한라공조 신영주 대표 - 뜻이 있는 곳에 길이 있다

55. 재능교육 박성훈 회장 - 교육을 통해 보다 나은 삶을 살자

56. 삼성전자 이윤우 부회장 - 단순한 것이 최고다

57. 대우인터내셔널 이태용 대표 - 할 수 있는 일을 다 하고 나서 천명을 기다린다

58. OTIS·LG 장병우 대표 - 걷고 또 걷는다

59. 휠라코리아 윤윤수 대표 - 정직

60. 한세실업 김동녕 대표 - 한 걸음 늦게 가자

61. 삼성테스코 이승한 대표 - 넓고 깊게 안다

62. 국민은행 김정태 행장 - 선비는 자기를 알아주는 사람을 위해 죽는다

63. LG화학 노기호 대표 - 선(善)을 따르는 것이 물의 흐름과 같다

64. 대우일렉트로닉스 김충훈 대표 - 생행습결

65. 신한카드 홍성균 대표 - 모든 일은 즐겁게 하는 것이 제일이다

66. 포스틸 김송 대표 - 모든 것은 마음먹기에 달려 있다

67. 골든브릿지 정의동 회장 - 아는 것도 어렵고 행하는 것도 쉽지 않다

68. 한진그룹 조양호 회장 - 지고 이겨라

69. KT네트웍스 이경준 대표 - 하늘은 스스로 돕는 자를 돕는다

70. 유한킴벌리 문국현 대표 - 세 사람이 가면 그중에 반드시 나의 스승이 있다

71. 대교그룹 강영중 창업주 - 가르치고 배우고 배우면서 서로 성장한다

72. 동양시스템즈 구자홍 대표 - 기본에 충실하자
73. 동양그룹 현재현 회장 - 병사가 교만하면 싸움에서 반드시 진다
74. 코스닥증권시장 신호주 사장 - 주인의식을 갖고 추구하면 참됨
     을 이룰 수 있다
75. TYK그룹 김태연 회장 - 하면 된다
76. 광혁건설 신현각 대표 - 인정을 베풀면 훗날 좋은 모습으로 볼
     수 있다
77. 아산재단 정몽준 이사장 - 화합은 하지만 부화뇌동은 하지 않는다
78. 이니시스 이금룡 대표 - 하늘을 공경하고 사람을 사랑하자
79. 삼성전자 황창규 사장 - 죽을 각오로 싸우면 반드시 산다
80. 한화그룹 김승연 회장 - 살아 있는 물고기는 물을 거슬러 헤엄친다
81. 국순당 배중호 대표 - 원칙이 곧 지름길이다
82. 하나투어 박상환 대표 - 변화를 두려워하는 자는 발전이 없다
83. 마리오 홍성열 대표 - 준비를 하면 근심할 것이 없다
84. 현대그룹 현정은 회장 - 매순간 최선을 다해 열심히 살자
85. 한솔그룹 조동길 회장 - 겸손하게 살자
86. 로만손 김기문 대표 - 소중한 것부터 먼저 하라
87. 코오롱그룹 이웅열 회장 - 자유롭고 창의적으로 살자
88. CJ CGV 박동호 대표 - 촌음도 나의 것
89. 미래에셋그룹 박현주 회장 - 독수리는 조는 듯이 앉아 있고 호
     랑이는 앓는 듯이 걷는다
90. SK 최태원 회장 - 실천이 중요하다
91. 휴맥스 변대규 대표 - 깊이 생각하고 최선을 다하자
92. 파이어소프트 이상성 대표 - 남을 대할 때는 봄바람처럼 따뜻
     하게 하라

162

93. 안철수연구소 안철수 대표 - 남보다 시간을 더 투자할 각오를 한다

94. 웅진식품 조운호 대표 - 하루하루를 새롭게 하고 또 나날이 새롭게 하라

95. 태평양 서경배 대표 - 정성을 다하여 노력한다

96. NHN 김범수 대표 - 꿈꾸는 자만이 자유로울 수 있다

97. SK텔레콤 가종현 상무 - 범사에 감사하라

98. 엔씨소프트 김택진 대표 - 떳떳할 수 있게 살아야 한다

99. 웹젠 김남주 대표 - 디지털 세상에 선(禪)을 창조한다

100. 컴투스 박지영 대표 - 모든 사람에게 배울 점이 있다

나누어 봅시다

학생들의 가훈:

학생들의 교훈:

학생들의 급훈:

학생들의 교회 표어:

여러분의 인생관(좌우명)을 적어 보세요:

제11강 세계관: 청소년

1장. 청소년에 주목하라

전환의 시기

청소년기는 '전환'(transition)의 시기이다. 아이에서 어른의 모습으로 성숙해 가는 일련의 과도기를 겪는 그들은 자신의 정체성을 찾아가야 하는 과제를 가지고 있다. 캐나다의 상담가이자 목회자인 **머튼 스트롬멘(Merton Strommed, 1974)**은 청소년들의 보편적 다섯 가지 특징을 영어 'Ⅰ'에 시작하는 단어로 표현하였다. 첫째, 정체성(Identity)으로 청소년들은 '내가 누구인가?'라는 질문을 스스로 한다. 둘째 독립성(Independence)으로 자신의 삶에 대한 자신의 자세를 취한다. 셋째, 친밀성(Intimacy)이다. 가족 이외의 타인과 인격적인 관계를 맺기 시작한다. 넷째, 영감(Inspiration)으로 자신의 삶과 세상에 대하여 이상적인 비전을 갖는 시기이다. 마지막으로 투자(Investment)의 시기로 자신의 삶의 의미와 가치를 발견하고 거기에 준비하는 시기라고 청소년기를 표현하였다. 청소년들은 그들에게 주어진 과제를 해결해 가는 데 있어 큰 스트레스를 받는다. 끊임없이 자신이 누구인지 질문하며, 불완전한 자신의 모습에 안정감을 가지지 못한다. 자기 자신만을 생각하며 부모에 의해서 보살핌을 받는 아이에서 자신의 삶에 책임을 지고 어른의 모습으로 성숙해 가는 과정 속에서 받게 되는 그들의 심적, 정서적 스트레

164

스에 대한 올바른 이해가 필요하다. 그들에 대한 올바른 이해는 그들의
필요를 채워주고 호흡할 수 있도록 해 주기 때문이다. 또한 청소년기에
는 사회의 제도적인 틀 안에서 주어진 교육을 받고, 자신의 삶에 청사진
을 그려 넣을 수 있는 기본적인 지식을 얻어야 하는 시기이다. 막연한
꿈과 아이 같은 사고를 벗어나 자신을 이성적으로 바라보고 자신의 가
능성을 현실화시킬 수 있는 능력을 키우는 시기인 것이다. 청소년이란
용어는 1904년 미국의 심리학자 스탠리 홀(Stanley Hall)이 그의 저서
『청소년기』에서 처음 사용했는데, 이 책에서 청소년에 대한 구체적이고
분명한 언급 이후 일반화되었다.[9] 청소년기는 초기(12~14), 중기
(15~17), 후기(18세 이후)로 나눌 수 있다. 발달심리학적인 면에서는
11~23 전후반으로 나누기도 하는데 요즈음은 신체적인 성장과 사춘기
는 점점 빨라지는 경향이 있는 반면, 정서적인 성숙은 성장에 비해 오히
려 늦은 경향을 가진다. 신체와 정서의 불균형은 청소년들에게 더욱 혼
란을 겪게 한다. 신체적으로는 어른과 가까운 발달을 보이나 생각과 감
정의 처리는 아직 미숙한 청소년의 가장 큰 특징은 어디에도 확실하게
속하지 않은 것이다.

1) 신체적인 변화

청소년기는 신체 발달의 시기이다. 청소년기에는 육체적으로 현저
한 성숙이 일어난다. 1차 및 2차 성징의 발달을 가져올 뿐 아니라
호르몬 계통의 급격한 변화로 각종 호르몬이 폭포수처럼 체내로 쏟
아져 들어온다. 이로 인해 청소년들은 목소리가 변하고 체모가 생기
며 근육과 골격이 발달한다.[10] 2차 성징이 일어나게 되는 이 시기에

9) NG를 잡아라 p.61.
10) 정태기, 『위기목회상담』,(서울: 대한 기독교서회, 2002) p.115.

는 소년보다 소녀가 2~3년 정도 조기 성숙하게 되고 중기 이후에는 남학생들이 신체적으로 빨리 성장한다. 이 시기에는 식욕이 매우 왕성하며 매력적인 외모를 갖게 되고 신체적인 습관이 형성된다. 청소년 초기에는 사춘기의 상징이라 할 수 있는 몽정과 초경을 경험하게 된다. 여학생들에게는 사춘기의 시작을 대표하는 초경의 경우 부모 세대에는 14세 전후였으나 오늘날은 12세 전후 정도로 빨라졌는데 상당한 개인차가 있다. 이 시기에는 성에 대한 관심이 증대되는데, 많은 음란물을 접하게 되고 자위행위로 성적인 욕구를 발산하게 되는 경우가 많다.

2) 감성적인 변화

청소년기의 가장 큰 특징은 급격한 정서의 변화이다. 남성성과 여성성이 강조되는 급격한 신체 발달은 청소년들로 하여금 자신의 성숙과정에 불안을 느끼게 한다. 그러나 시간이 지날수록 이러한 불안과 두려움은 자연스러운 것이며 자신이 육체적 조절과 안정하는 법을 터득하게 된다. 중학생 정도의 초기 청소년 때에는 일반적으로 새로운 것에 대한 흥분과 충동으로 반응하지만 고등학교 시절이 되면 보다 예민해지며 자신의 자의식을 발견하게 된다.[11] 청소년기에는 감정이 강렬하다. 그래서 청소년들은 감성세대라고 부른다. 청소년 초기에는 성인들과 친구들이 자신을 이해하지 못한다고 생각한다. 감정이 극단적인 기쁨에서 극단적인 슬픔으로 빠르게 변한다. 부모, 교사, 친구의 이야기로 쉽게 분노하며 얼굴을 붉히고 슬픔에 잠긴다. 즉 감정을 조절하고 자제하는 능력이 부족하다. 또한 정서를

---

11) 빌 바이넘, 『교사를 위한 청소년 이해와 기독교 교육』 윤형복 역, (시울: 도서출판 엠마오, 1989) p.30.

자극하는 대상이 다른 연령기와 구분된다. 아동기에는 주로 부상, 질병, 체벌, 의사에게 가는 것 등으로 불쾌한 경험을 하지만 청소년기에는 친구의 죽음, 학교에서의 실패, 자기가 원하는 것이 거부되었을 때 부모와의 갈등, 죄에 대한 감정 등이 그들의 불쾌 감정을 자극한다. 청소년기에는 정서 표현이 내면적이고 영속적이다. 정서가 의식적으로 억제되어 분노가 초조감이나 혐오감으로, 공포심이 불안이나 우울로, 기쁨이나 환희가 행복감으로 이행한다. 정서적인 내적인 불안함은 청소년들을 분위기에 약하고 안정을 원하게 한다. 그러나 안정적인 것을 원하는 반면에 흥분과 즐거움을 좋아하기 때문에 감정의 변화가 큰 원인이 된다. 감정의 변화가 극적으로 변하는 청소년 초기와는 달리 청소년기를 넘어가는 고등학생의 연령층이 되면 감정을 억제하고 조절할 수 있는 능력이 날로 늘어나 내면의 안정감을 유지할 수 있다.

3) 지적인 변화

청소년은 사회적 변화를 경험한다. 이들은 자신의 정체성을 형성하며, 다른 사람과의 관계 속에서 자신의 역할을 깨달아 간다. 즉 의존하던 부모에게 벗어나 남녀 친구들, 새로운 인간관계를 형성해 나가며 그 관계 안에서 적응하고 자신에게 부어진 책임을 감당함으로써 점차로 신념과 기준 등을 세워나가게 된다. 또한 또래집단과의 관계가 중요해지며 타인이 생각하는 자신에 대한 비판과 반응에 민감하게 된다. 청소년 초기에는 예리한 기억력을 가지고 있으며, 모험이나 발명 등 탐구력이 뛰어나게 된다. 아직 언어능력이 총체적으로 발달하지 못하고 여러 가지 선택 앞에서도 적절한 선택 능력을 갖추지 못했다. 이 시기에 뛰어난 유머감각을 갖추게 되고 또래집단 사이에서도 단순히 공부 잘하는 친구보다는 활발하고 대인관계가 원만하여 유머감각이 뛰어난 친구들이 리더십을 발휘하게 된다. 고등학생 연령층이 되면 합리적인 사고가 새로운 차원에 이르게 된다. 스스로 조직할 수 있고, 평가할 수 있고 선택할 수 있게 된다. 소그룹 안에서 토론과 논쟁을 즐기게 되며 그들 스스로 자신에게 있는 재능, 창조성 등을 사용하길 원한다. 판단력 또한 매우 발달한다. 청소년기는 가치관이 변화하는 시기이다. 부모의 생각이 옳다고 믿었던 때와 달리 청소년기는 자신만의 가치관이 강해지는 시기이다. 내가 무엇이 될 것인지? 어떤 인생을 살 것인지? 진리는 무엇인지? 추구하며 고민한다. 자신이 배운 가치관과 집단 안에서 자신과의 가치관의 충돌을 느끼며 혼란과 회의를 반복한다.[12] 발달적인 측면에서 봤을 때, 청소년은 신체적, 정서적, 사회적 과정의 변화를 겪으면서 성장하고 있다. 그리고 이 모든 것은 복합적으로 청소년의 내적 외적으로 영향을 주고 혼돈스럽게 한다. 이러한 혼돈의 가장 큰 원인은 청소년들이 자신에게 던지는 "나는 누구인가?"라는 질문에서부터 시작한다. 즉 청소년은 부모에게서 분리되어 자신이 별개의 독립적인 개인이라는 사실을 인식하면서 스스로 자신을 탐색하고, 자신의 정체성을 이뤄내야 하는 과제를 안게 되는 것이다. 에릭슨의 연구에 의하면 청소년기에 절대적으로 해결해야만 하는 과제는 자기 인식의 감각을 발달시키는 일이다. 타인에게 의존되어 자란 아동기의 보호로부터 훌륭히 벗어나도록 하기 위해서 자신이 누구며 바라는 것이 무엇이며 그곳에 도달하려면 어떻게 해야 할 것인지에 대해 생각해 보지 않으면 안 된다.[13] 물론 자신에 대한 탐구는 아동기부터 점차

---

12) Ibid., p.32.
13) 존 콩거, 오다 도오지, 하시구찌 조오지, 『사춘기 세계의 십대는』 청소

적으로 형성되는 것으로 청소년기에 시작하는 것은 아니나 청소년기는 자기 자신에 대한 강도가 크게 높아지고 그것으로 인해 갈등이 증가되는 시기이기 때문에 그만큼 자신이 어떤 사람이 되는지는 그들에게 매우 중요하다. 청소년들은 스스로를 평가하고 파악하기 위해 많은 질문을 던진다. 나는 유능한가? 매력적인가? 똑똑한가? 그리고 이러한 질문들로부터 자신에 대한 답을 얻게 된다. 이러한 과정은 자신에 대한 개념을 가지는 것, 즉 자신을 탐구하여 자기 자신에 대한 자신의 생각과 의견을 가지므로 자신과의 '관계'를 형성하는 것이다.14) 즉 이와 같은 관계는 자신을 자신되게 하는 것이며, 다른 사람과 다른 나를 다르게 정의하며, 또한 교류하는 것이다.

4) 영적인 변화(보충 필요)

청소년들은 성경 이야기들을 찾으며, 성경의 성격을 인식할 수 있게 된다. 중학생 후기부터 성경의 내용을 적용할 수 있게 된다. 청소년들은 이미 예수 그리스도와 개인적인 관계를 유지할 준비가 되어 있다. 그들의 영혼은 복음을 받아들일 만큼 성숙해 있다. 청소년 시기는 복음과 전통적인 믿음에 대해 회의를 갖는 시기이기도 하지만 복음을 받고 회심을 경험할 만큼 감성이 발달하게 된다. 예배와 기도회, 캠프와 수련회를 통해 예수 그리스도를 만나고 그 안에서 자기 정체감을 찾고 그와 더불어 생애를 살도록 격려해야 한다.

년 교양도서, 제7권, 안제정 역,(서울: 복지 문화사, 1984) p.30.
14) F. Philip Rice, 『청소년 심리학』 정영숙, 신민섭, 설인자 편역,(서울: 시그마 프러스, 2003) p.125.

5) 중학생과 고등학생으로 구분한 특징

	중학생의 특성	고등학생의 특성
영적인 특성	① 실제적인 신앙을 원함 ② 영혼이 복음을 받아들일 만큼 성숙됨 ③ 기독교에 대해 많은 의문을 가짐 ④ 사고나 행동에 있어서 이상적인 것 추구 ⑤ 그리스도인의 성품 발달시킴	① 종교는 개인적인 것으로 생각 ② 종교는 행동의 하나라고 생각 ③ 신앙생활이 감정적 ④ 신앙에 대해 많은 의심을 가짐 ⑤ 예배의 추상적인 분위기를 즐김 ⑥ 하나님에 대한 인격적 자세 가짐 ⑦ 개인적이 구원관이 싹틈
신체적 특성	① 빠르게 성장 (심장의 크기가 약 두 배가 됨) ② 소년보다 소녀가 더 빠르게 성장 ③ 내적으로 많은 신체적 변화 겪음 (성 호르몬이 분비 증가) ④ 보통 자신의 성장에 대해 어색해함 ⑤ 피곤한 동안에도 대치될 수 있는 에너지를 가짐	① 신체발달의 불균형에서 벗어남 ② 매력적이고 성숙한 외모 지님 ③ 식욕이 왕성 ④ 신체적 습관이 형성됨 ⑤ 대개는 성적인 본능에 관심
지적 특성	① 예리한 기억력을 가짐 (읽기를 즐겨함) ② 모험과 발명에 관심 많음 ③ 실제적인 사고가 가능함 ④ 권위에 대해 의문을 지님 ⑤ 판단능력이 빠름 ⑥ 능동적인 상상을 함 ⑦ 뛰어난 감각을 지님 ⑧ 간접적 경험을 통해 빠르게 배움	① 합리적인 사고가 새로운 차원에 이름 ② 논쟁과 토론을 좋아함 ③ 창의적이고 이상적 ④ 판단력이 발달 ⑤ 상상력은 보통 이성과 판단의 통제 아래 있음 ⑥ 대개는 다른 사람과의 제안을 받아들임 ⑦ 창의성에 대한 다양한 반응 나타남

	중학생의 특성	고등학생의 특성
심적 특성	① 성인들과 친구들이 자신을 이해하지 못하다고 느낌(그러나 성인이 되고 싶어 함) ② 감정적이 극단적인 기쁨에서 극단적인 슬픔으로 빠르게 변함 ③ 감정을 자제하는 능력이 부족 ④ 이성애가 싹틈 ⑤ 영웅승배 의식이 강하게 작용하여 자신의 이상으로 그리는 인물 생김	① 감정은 여전히 강렬 ② 감정을 억제할 수 있는 능력이 늘어남 ③ 신앙생활이 감정적 ④ 신앙에 대해 많은 의심을 가짐 ⑤ 흥분과 즐거움을 좋아함

2장. 청소년의 가치관을 이해하라

관계중심적인 청소년

청소년은 관계 중심의 사고방식을 가진다. 이들이 처음 접하게 되는 관계는 자기 자신과의 관계이다. 이들은 이제까지 아무런 의심 없이 받아들였던 자신이라는 존재에 대해 의문을 가지기 시작한다. 청소년들은 "나는 누구인가?" "나는 어떠한 사람이 되어야 하는가?"라는 근원적인 질문을 자기 자신에게 던지면서 혼란스런 시간을 보내게 된다. 자신이 누구인지, 즉 정체성(Self-Identity)을 본인 스스로 찾는다는 것은 청소년들에게는 큰 과제가 아닐 수 없다. 청소년들은 자신의 누구인지에 대한 해답을 다른 사람들을 통해서 얻기를 원하는데 이것은 본인의 생각에 다른 사람들의 눈에 비춰진 자신을 진정한 자신이라고 여기기 때문이다.[15) 청소년은 자신의 정체성(Self-Identity)을 친구

---

15) Ibid., p.126.

와 부모, 선생님 등 자신과 관계하는 사람들을 통해 찾아나간다. 이렇게 자기 자신과의 관계와 다른 사람과의 관계 속에서 자신을 형성하고 찾아나가야 하는 청소년기는 관계를 중요시하는 관계 지향적인 성향을 가지게 된다. 청소년에게는 다른 사람에게 보이는 내가 중요하다. 그들은 자신을 다른 사람과 비교하며 이것은 곧 다른 사람이 보는 나의 이미지가 곧 자신이라는 결론에 이르게 되기 때문이다. 그러므로 자신이 맺고 있는 관계 안에 있는 사람들, 즉 부모나 선생님이 자신을 대할 때 긍정적이고 좋은 태도로 대했다면 자신에 대해 긍정적인 개념을 가질 수 있다. 이것은 자신에 대한 긍정적이고 건강한 개념으로 자신을 받아들일 수 있도록 도우며, 또 다른 사람과의 관계 또한 건강하게 된다.[16] 그러나 청소년기는 매우 혼란스런 시기이다. 독립하기 원하나 또한 부모에게 의존하며, 도덕적인 가치관의 소유자처럼 행동하다가도 일탈을 원하곤 한다.[17] 이같이 불완전하고 충동적인 청소년은 자신이 불완전함에 대한 불안, 자기 회의, 부모와 다른 권위 있는 존재와의 갈등을 일으키며 부정적인 행동을 한다. 이런 갈등은 충돌로 이어지게 되며, 청소년의 이런 사랑받고자 하면서도, 반항하는 이중적인 태도는 청소년의 행동을 이해하지 못하는 어른들로부터 자신에 대한 전적인 용납을 받을 수 없게 한다. 자신이 어떤 행동을 하던 간에 사랑받을 것이라는 확신이 약한 청소년은, 자신에 대해 무능하며, 자기가 무가치하다는 느낌, 부적절하다는 자아 정체감을 갖게 된다. 그러나 청소년들이 진심으로 원하는 것은 자신의 실수와 잘못에도 불구하고 자신을 있는 그대로의 모습으로 존중하며, 인내하고 격려해 줄 수 있는 대상이다. 자신들을 향한 무조건적인 사랑 안에서 긍정적인 메시지를

---

16) F. Philip Rice, p.128.
17) Ibid., p.91 - 94.

받길 원하는 것이다. 또한 청소년들이 직면하게 되는 두 번째 중요한
관계는 다른 자신과 다른 사람들과의 관계, 즉 또래집단과의 관계이다.
청소년들은 또래집단과의 관계를 통해 자신과 비슷한 처지와 상태의
친구들에게 자신과의 동질감과, 심리적 안정을 얻으려 한다. 청소년들
은 관심사를 같이 나누며, 관계를 형성하고 자신을 지지받을 수 있는
친밀하고 애정 어린 관계를 원한다. 자신이 온전히 받아들여지고 이해
되는 관계 안에 속하길 원하는 것이다. 그들은 선생님이나 어른들과는
나눌 수 없는 계획과 비밀들을 나누며 감정을 교류한다. 청소년 사이
에서의 우정은 마음의 평정을 가지게 하며, 즐거운 시간을 가지게 한
다. 친구들 간에 감정의 교류는 서로를 더욱 친밀하게 묶어주는 역할
을 하며 여러 친구들과 다양한 경험을 함으로 많은 사람들과 잘 어울
려 지낼 수 있는 능력을 가지게 된다. 이러한 경험은 사회에 나가서 사
람들과 교제하며, 어울려 지낼 수 있는 사회성의 바탕이 된다.[18] 또래
집단에서 나누게 되는 감정 이외에도 이 집단에서 사용하는 특정한 말
투, 옷, 행동양식 등은 이들을 더 관계 속에 몰입하게 하며 소속감을
갖게 하는데, 십대 또래집단들이 특히 옷, 신발, 머리 모양 등의 유행에
민감한 것 또한 같은 유행에 따르면서 심리적인 안정감을 갖게 되기
때문이라고 설명할 수 있다. 이러한 또래집단의 관계는 청소년들에게
자신을 주저함 없이 표현하고 받아들여주는 곳으로 여겨지게 되며, 그
들은 친구들 간의 관계를 통하여 자신을 성장시켜 나간다. 셋째, 청소
년들이 중요하게 생각하는 것은 자신에게 영향력을 미치는 관계이다.
자신에 대한 다른 사람의 의견에 의해서 자신을 정의해 나가는 청소년
들의 자아 정체감의 형성과정은 타인과의 관계에 의미를 두게 한다.
그러나 모든 사람이 동등하게 강한 영향을 주는 것은 아니다. 청소년

---

18) 김향초, 『가출 청소년의 이해』,(서울: 학지사, 1998) p.166-168.

이 영향을 받는 사람은 의미 있는 타인(significant other)을 통해서이
다. 의미 있는 타인(significant other)이란 청소년 각 개인에게 높은 수
준의 중요성을 가지는 사람을 말한다. 그들은 청소년에게 영향력이 있
고 그들의 의견은 의미가 있다. 그들의 영향력은 그들이 자신들에게
개입하는 정도와 그들이 제공하는 사회적지지 그리고 남들이 그들에
게 부여하는 힘과 권위에 달려 있다.[19] 즉 청소년은 자신과 얼마만큼
의 관계를 맺고 있느냐, 그 관계가 긍정적인가 부정적인가, 자신이 온
전히 용납될 수 있는가에 따라 영향력을 받는 것에 차이가 있다는 것
이다. 이러한 관계는 청소년을 끌어들이고 몰입하게 하는 힘이 있다.
자신이 사랑과 관심이 바탕이 되며, 실수에 대해서 용납되고 이해받을
수 있는 관계 안에 속해 있다는 믿음을 가진 청소년은 비록 그 관계가
세상의 도덕적 판단으로는 지지받지 못하는 그룹이라 할지라도 그 관
계 안에서 충성을 다하는 경향을 보인다. 아직 다 만들어지지 않은 작
품과 같은 청소년들에게 자신을 향한 따뜻한 관심과 사랑은 자신의 미
완성을 완성으로 이끌 수 있도록 도와주는 길잡이 역할을 한다. 그리
고 청소년들은 이러한 관계 안에 들어가길 원한다. 청소년들이 원하는
영향을 받는, 의미 있는 타인을 다른 말로 표현한다면 그들에게 조언
하며, 같이 걸어줄 사람, 즉 멘토(Mentor)로 표현될 수 있을 것이다.
멘토(Mentor)란 옆에서 동행하며 상대방을 안내하는 것을 말한다. 상
대방을 통제하는 것이 아니라 그를 안내하고 격려하며 가르치는 사람
이며, 비록 실수하더라도 인내하며, 고기를 잡아 주는 사람이 아닌 고
기 잡는 방법을 알려 주는 사람, 끝까지 기다리고 사랑으로 격려하는
것 그것이 멘토(Mentor)의 역할이다. 이것이 바로 청소년이 강한 영향
력을 받는 의미 있는 타인의 모습이다. 청소년을 대상으로 한 연구에

---

19) F. Philip Rice, p.130.

의하면 자신에게 가장 큰 영향력을 준 사람을 1위는 부모, 2위는 친척 어른, 3위 교사나 목사, 4위 친구의 순으로 나타났다.[20] 즉 청소년이 또래집단과의 관계 속에 몰두해서 자신보다 연장자와의 관계를 중요 시하지 않는 것처럼 보일 수 있지만 실제로는 자신을 따뜻하게 이끌어 줄 상위권위자와 바른 관계를 맺기 원한다는 것을 알 수 있는 것이다. 청소년들의 권위자에 대한 반항은 그들이 이해받기 원한다는 또 다른 표현이다. 그러므로 다른 성장기의 특징에 비하여 십대들에게 가장 두 드러지게 나타나는 관계 위주의 사고방식을 가지고 있는 이들에게는 진심으로 신뢰하고 사랑이 받침이 된 안정적인 관계 안에서 안정감을 얻는 것이 중요함을 잊지 말아야 한다.

답답한 현실, 불안한 미래

청소년기에는 자신의 삶을 잘 준비할 수 있도록 감성, 지성, 인성 의 요인들을 고루 접하고, 이것들이 잘 조화될 수 있는 기본 바탕을 준비해야 한다. 이것은 땅 속 깊이 심긴 씨앗이 단단한 땅을 뚫고 싹을 틔우기까지 충분한 햇빛과 물, 온도 등 골고루 조화된 환경이 필요하지만 싹을 잘 자라게 할 수 있는 건강한 토양이 우선시되는 것과 마찬가지이다. 그러나 대한민국에서 살아가는 우리의 청소년들 은 청소년의 특성과 인성을 고루 발달시키는 교육보다 공부라는 좁 은 한길을 통과해야 하는 환경으로 인해 많은 스트레스와 압박감을 가지고 생활한다. 하루에도 몇 개씩 이 학원에서 저 학원으로 걸음 을 바삐 옮기면서도 공부에 대한 분명한 목표와 이유, 즉 무엇을 위 해서 공부해야 하는지, 내가 정말 원하는 것이 무엇인지에 대한 것

---

20) 홍민기, 『탱크목사 중고등부 혁명』, (서울: 규장, 2005) p.183-184.

은 생각할 겨를이 없이 공부라는 족쇄에 매여 있는 청소년들은 혼돈의 시간을 지내고 있다. 그들의 불완전한 시간을 이해하고 혼돈의 시기에 청소년을 이해하는 데 있어서 그들이 처해 있는 시간의 과정을 정의하는 것이 중요하다. 청소년들이 경험하고 있는 스트레스에 대해서 시간이 지나면 자연스럽게 해결될 문제로 방임해야 할 것인가? 혹은 분명한 책임을 지고 교육해야 할 것인가? 문명화가 되기 전 문화에서는 사춘기의 기간이 짧았다. 성인식을 치르고 나면 곧 소년은 집안의 하나의 집안을 책임질 수 있는 어른으로 대접받았으며 결혼이 빨랐기 때문에 자신의 문제보다는 생계를 꾸려나가야 하는 것이 우선이었다. 또한 집안 대대로 이어온 농사일이 있었기 때문에 내가 무엇을 해야 할 것인지 어떤 직업을 가져야 할 것인지에 대한 고민이 적었다. 그러나 문명화가 되면서 사춘기라는 것이 생기고 사회에 적응하기 위한 이러한 준비 과정은 청소년들에게 많은 긴장감을 요구한다. 그러나 긴장감을 줄이기 위해 무조건 그들을 상황과 현실에 대해서 방임할 수 없는 것이 현실이다. 그러므로 혼돈의 시간을 이겨내야 하는 청소년들에게 자신들이 겪어야 하는 시간에 대해서 부정적인 면과 긍정적인 면을 동시에 직시할 수 있는 눈을 길러주어야 한다. 목적 없고 의미 없는 부정적인 스트레스에 눌리지 않고 스트레스가 오히려 자신에게 건전한 영향력을 미칠 수 있도록 자신의 삶을 책임지며, 우리 스스로의 삶을 누리도록 교육해야 한다.

청소년기는 어떤 의미에서 착각 속에서 살아간다고 할 수 있다. 이 시대의 청소년에게 가장 선호하는 직업은 연예인이다. (설문조사 자료 찾아서 보충) 청소년은 연예인들에게 열광하고 그들의 삶을 동경하며 자신들이 속해 있는 답답한 현실을 떠나고 싶어 한다. 그들에게 대중매체를 통해 보이는 연예인의 모습은 청소년늘이 꿈꾸는 모든 것을 가지고 있는 존재들로 비춰진다. 연예인들이 살고 있는 세상은 공부가 없으며, 아름답고, 예쁜 사람들만 모인 곳이다. 그들은 언제나 행복하고, 즐거우며 많은 것들을 누리면서 부유하게 살 수 있는 것처럼 보인다. 평범해 보이는 자신들과는 달리 언제나 최첨단의 유행 속에 걱정 없이 화려하고 멋져 보이는 세상 속에 살고 있는 것이다. 이것은 청소년들이 가지는 꿈과 이상이 왜곡될 수 있다는 것을 보여주는 좋은 예이다. 청소년들은 자신의 삶에 대해서 착각하고 있는가? 혹은 현실을 있는 그대로 받아들이고 있는가? 청소년들이 살아가는 시간은 현실이다. 내가 준비하고 노력하지 않으면 좋은 결과는 오지 않는다. 때로는 열매를 거두기 위해 애써야 하는 시간들이 아무것도 아닌 것처럼 되어버릴 때도 있으며, 좋은 결과를 얻기 위해서는 자신을 절제하며 인내하고 노력해야 하는 시간들이 필요하다. 이 현실은 때론 청소년들에게 냉정하게 느껴질 것이다. 그래서 청소년들은 그들이 지내고 있는 시간에 대해서, 자기 자신에 대해서 있는 그대로의 모습으로 받아들이고 피하거나 도망치지 않으며, 현실 그대로를 인정할 줄 알아야 한다. 그렇지 않다면 청소년들은 그들이 살아가고 있는 시간에 대해 자신에 대해서 직시하지 못하고 착각하며 허무한 꿈을 꾸고 이것은 자신의 공상을 꿈이나 비전으로 미화시킬 수 있는 위험성을 가지게 된다. 우리는 하나님 앞에서 하나의 피조물이며 한 줌의 티끌이라는 사실을 인정하고 우리가 우리 자신을 있는 그대로 인정해야만 한다. 그리고 청소년들로 하여금 정직하게 자기 자신을 대할 수 있게 가르쳐야 하고 하나님 앞에서 정직하게 자신을 있는 그대로를 인정하는 데서 참된 비전이 임함을 가르쳐야 한다.

청소년은 연속인가? 불연속인가? 청소년은 단지 어린아이와 어른의 중간에 해당하는 존재인가? 아니면 어린아이도 아닌 어른도 아닌 별개의 존재인가? 청소년기는 인간의 성장과정에서 어린아이에서 어른으로 변해가는 중간과정이라고 할 수 있으나 그 과정에서 너무나 격렬한 변화의 위기를 겪게 된다. 청소년을 이해할 때 청소년 시기를 어린이와 어른 사이의 연속으로 본다면 청소년기라 해서 무엇이 특별히 달라져야 할 것은 없다. 청소년들은 부모의 가치관을 존중하고, 거기에 복종해야 하며 따라야 한다. 그러나 이들에게는 어른과 어린이의 중간과정이 아닌 불연속적인 면이 존재한다. 청소년에서 어른이 되는 과정에서 신체적, 정서적, 대인관계 등의 급격한 변화를 체험하게 되어 마치 예전과는 다른 성품의 사람이 되는 혼란을 겪게 되는 것이다. 따라서 우리는 청소년들이 경험하고 있는 불연속을 이해하고 중요한 의사결정은 물론 여러 분야에서 도움을 주고 조언해 주어야 한다.

청소년의 문화적 배경

N(Net-Generation)세대는 77년 이후 태어난 세대로 인지 능력이 생길 때부터 컴퓨터와 친숙한 세대를 말한다. N세대로 불리는 새로운 세대가 1964년 이후 등장한 X세대, 2000년 이후 등장한 Y세대와 다른 확실한 차이점은 사이버 공간에서의 기술력이다. N세대는 '접속'을 중시하는 네트워크 세대이며, 현실 세계만큼 사이버 공간을 삶의 중요한 무대로 인식하는 세대이다. 전화와 편지 대신 이메일을 주고받고, 인터넷 공간을 무대로 세계와의 접속을 시도한다. 이러한 시간과 공간의 제약으로부터 자유로워진 라이프스타일은 N세대의 큰 특징이다. 이러한 생활방식을 유지하도록 하게 한 필수품은 핸드폰과 PC이다. 이 두 가지는 N세대에게 이젠 세대와 새로운 방법의

커뮤니케이션을 가능하게 했다. 또한 N세대가 가진 기술력은 단순히 인터넷을 사용하는 소극적인 관심 정도에 머무르지 않고, 홈페이지를 제작하고 컴퓨터를 조립하고 수리하는 등의 적극적인 수준에 이르렀다.[21] 사이버 공간에서의 막강한 기술력을 바탕으로 한 N세대의 다른 특징은 다음과 같다.

첫째, N세대는 모방문화를 즐긴다. N세대는 다른 어떤 세대보다도 정보의 수집과 교류에 능한 세대이다. 자신이 원하기만 한다면 누구나 쉽고 빠르게 자신이 원하는 정보를 이용할 수 있다. 그러나 N세대 문화의 가장 좋은 특징인 정보의 빠른 교류는 그들에게 느리며 시간을 많이 요하는 창조 문화보다는 다수가 이끌어가는 손쉬운 정보에 동참하게 하는, 모방의 문화를 낳게 했다. 빠른 정보의 흐름은 사람들로 하여금 그만큼 정보에 빠르게 적응하지 않으면 쉽게 도태되어 버리는 것 같은 심리를 낳는다. 그러므로 N세대들은 힘들게 노력하지 않아도 되는 모방 문화를 즐기며 빠르게 움직이는 정보에 발맞춘다. 그러나 사이버 공간에서 익숙한 N세대들이 만들어내는 창조력을 관과 해서는 안 된다. 그들의 창조력은 이전 세대와 비교할 수 없을 정도로 뛰어난 경우도 있다. 그러나 그들의 창조력을 현실 세계로 구체화시키는 적응력은 약한 면을 보인다. 그러므로 개성이 있고 톡톡 튀는 것처럼 보이는 N세대는 실제로 복제화된 개성을 가진 것이 대부분이며 조금 더 깊이 파고 들어가면 진정한 정체성을 바탕으로 한 개성이 아닌 모방문화인 경우가 많다.

둘째, N세대는 솔직하며 의사표현에 적극적이다. N세대는 사이버

---

21) 신상언, 「N세대를 위한 10가지 전략」, 낮은 울타리, 2000, p.108 - 115.

공간을 통해 당당하게 자신을 표현한다. 인터넷을 통해 자신들의 의사를 반영하며, 또래집단끼리 세력을 만들어 나가기도 한다. 또한 N세대는 자신이 좋아하는 것과 좋아하지 않는 것에 대한 자신의 주장이 분명한 세대이다. 이들은 포스트모더니즘의 영향으로 자신의 주관이 곧 진리인 시대에 살고 있다. 그러나 자신의 주장에 대한 판단은 주로 이성적인 판단 기준을 선호했던 기성세대와는 달리 감정적인 잣대를 이용한다.

'느낄 수 없는 것'은 곧 '모르는 것'이라는 개념을 가지고 있다. N세대의 이러한 성향은 자신이 좋아하는 것이라면, 광적으로 한 가지에 빠져드는 그들만의 특징을 가지게 한다. 한마디로 N세대를 움직이는 힘은 '재미'인 것이다. '재미'는 누가 시키지 않아도 이들을 움직이는 힘이 있다. 이들은 한마디로 '재미'에 굶주려 있기 때문이다. 기업은 N세대의 이런 성향을 이용하여 싫증이 날 때가 되면 새로운 물건을 내놓아 청소년들의 구매의욕을 높이고 있다. 이들의 재미는 가볍고, 감각적인 것에 그칠 때가 많으며 지속적이지 않다는 단점이 있지만 그럼에도 불구하고 감각적이고 흥미위주인 N세대의 재미를 예수 그리스도와 하나님의 말씀, 사명에 눈뜨도록 돕는다면 누가 시키지 않아도 예수 그리스도께 사로잡힌 자들이 될 소망이 있는 것이 바로 N세대이다.

셋째, 소비 지향적이다. 이전에 기성세대와는 달리 생존을 위한 생활보다는 생활을 위한 삶을 살기 원하고 근검절약보다는 유행에 민감하고 모방을 좋아하기 때문에 소비를 즐기며, 자신을 표현하는 데 인색함이 없다. 생활을 즐기기 위해서 어느 정도의 낭비는 필요하다고 생각하는 세대인 것이다. 패스트푸드를 즐기며, 침대생활을 하고, 저녁 중심의 식사를 하는 라이프 패턴을 가지고 있다. 또한 N세대들은 여러 다양한 방법을 통해서 자신의 정체성을 표현하고자 한다. 이것은 그들이 옷, 액세서리(남자의 귀걸이, 모자의 패션화, 머리 모양, 신발) 등을 통해 발산된다. 또한 이들에게는 과거에 없었던 PSP, MP3, 핸드폰 등이 생활의 필수품으로 자리잡고 있으며, 이것 또한 자신을 표현할 수 있는 정체성의 도구가 된다. 최신품, 좀 더 뛰어난 디자인 등을 선호함으로 소비지향적인 문화를 선도한다. 그러나 이와 같은 소비지향적인 문화로 인해 물질만능사상이나 미래가 없는 한탕주의가 생겨날 수도 있기 때문에 그들의 심정을 헤아리고 이것을 좋은 방향으로 이끌어주어야 한다.

넷째, 그릇된 성문화에 젖어 있다.

N세대를 이해하는 데 있어서 중요하게 다루어져야 하는 부분은 성정체성의 문제이다.

N세대는 듣는 것보다 보이는 것에 더 큰 영향을 받는 세대이다. 그들은 보이는 것이 더 중요한 감수성과 학교에서 억압된 자아를 대중문화의 연예인과 유행을 모델삼아 그들을 모방함으로 대리적 표출을 노린다. 그러나 N세대에게 영향을 미치는 미디어는 그들에게 올바른 성정체성을 심어줄 수 없다. 이들이 지극히 환상을 가지고 있는 미디어 속의 세상은 아름다우며, 자극적이다. 사랑한다면 혼전 성관계를 가져야 하는 것이 마땅한 것처럼 포장하고, 아름다운 것이라고 얘기한다. 또한 선정적인 각종 미디어(영화, 불륜소재 드라마, 성인방송, MTV, 음란물, 성전환, 동성연애)는 그들에게 왜곡된 성정체성을 심어주며, 올바른 잣대 없이 무분별하게 받아들이게 한다. 아름답게 포장된 성을 보여줘야 하는 미디어로 인해 N세대들은 현실과

가상공간을 구분하지 못하고 동일시 여기도록 자신도 모르게 교육받고 있는 것이다. 그러므로 많은 정보 속에 성에 노출되어 있는 이들에게 실질적이고 예방차원의 성교육이 필요하다. 그것은 무조건 막는 성교육이 아니라 올바른 성경적인 가치관 속에서 성과 하나님의 창조원리에 대해 이해할 수 있도록 도움으로 예방하고 보호하는 차원에서 이뤄져야 한다.

〈생각하기 Think it〉
강영우 박사 "우리가 오르지 못할 산은 없다"
역설적인 지도자의 십계명

1. 세상 사람들은 비논리적이고 비합리적으로 생각한다. 그러나 그들을 사랑하라.

2. 당신이 선행을 하면 이기주의라는 비난을 받을지도 모른다. 그러나 그런 말에 귀 기울이지 말고 선을 행하라.

3. 당신이 성공을 하면 그릇된 친구와 원수도 생길지 모른다. 그러나 성공하라.

4. 오늘 좋은 일을 해도 내일이면 허사가 될 수 있다. 그러나 좋은 일을 하라.

5. 정직하고 솔직하면 불이익을 당하거나 불리한 위치에 놓일 수도 있다. 그러나 언제나 정직하고 솔직하라.

6. 대의를 품은 이가 졸장부에 의해 넘어질 수도 있다. 그러나 크게 생각하라.

7. 세상 사람들은 약자를 선호하면서도 오로지 강자만을 따른다. 그러나 소수의 약자들을 위해 투쟁하라.

8. 오랫동안 공들여 쌓아 올린 탑이 하룻밤 사이에 무너질 수도 있다. 그러나 탑을 계속 쌓아 올리라.

9. 도움이 필요한 사람들에게 도움을 주고도 공격을 받을 수 있다. 그러나 도움을 필요로 하는 사람들에게는 도움을 주라.

10. 당신이 가진 가장 좋은 것을 세상에 주고도 이로 물려 뜯기고 발로 차일 수 있다. 그러나 당신이 가진 최선의 것을 세상에 주라.

"우리가 오르지 못할 산은 없다"

 책의 저자인 강영우 박사를 소개하고자 한다. 강영우 박사는 1944년 경기도 양평군에서 태어나 중학교를 다니던 중 외상에 의해서 망막 박리로 실명한 이후 신체적 한계와 사회적 편견 등 많은 어려움을 극복하고 세계적 재활의 귀감이 되고 있는 인물이다. 그는 연세대학교 교육과에 입학하여 문과대학 전체 차석 졸업을 이루고, 한국 장애인 최초 정규 유학생으로 피츠버그대학에서 교육학 석사, 심리학 석사, 교육 전공 철학 박사 학위를 취득하여 한국인 최초 맹인 박사가 되었다. 저서로는 『빛은 내 가슴에』, 『어둠을 비추는 한 쌍의 촛불』, 『아버지와 아들의 꿈』, 『우리가 오르지 못할 산은 없다』, 『교육을 통한 성공비결』 등이 있다. 그는 현재 미국 명사 인명사전(Who's who in America)과 세계 명사 인명사전(Who's who in the World)에 약력이 수록되었고, 세계 장애 위원회 부의장이며, 루스벨트 재단 고문으로 활동하며, 부시 대통령의 자문 위원으로 활동하는 등 세계에서 명성을 떨치며 많은 일을 하고 있다.

 그의 가족은 부인인 석은옥 여사와 큰 아들인 진석, 작은 아들인 진영이 있다. 그의 부인은 강영우 박사가 실명하고 서울맹학교를 다닐 때 자원 봉사자로 만나 부부의 연을 맺었다. 그는 부인에게 '석은옥'이란 이름을 지어주면서 석의 시대 10년을 "시련과 역경을 믿음으로 극복하는 시대"로, 은의 시대 10년은 "두 사람의 공통된 이상 목적을 위해 준비하는 시대", 옥의 시대 10년은 "하나님께 영광을 돌리고 사회를 위해 봉사하는 시대"로 정했다. 그의 부인은 그가 실명을 했을 때부터 지금의 위치에 이르기까지 묵묵히 뒤에서 조력자가 되어주고 가정을 책임진 소중한 존재이다. 그의 큰 아들인 진석은 현재 하버드대학 의학 분야를 졸업하여 의사로 활동하고 있다. 그는 어렸을 때의 아버지가 어둠 속에서 점자로 된 책을 읽어주신 것을 마음속에 담아 그것을 계기로 의사가 되기를 결심했다. 성장 과정에서 다른 학생들보다 부족한 모습을 보여주며 주위의 많은 사람에게 기대를 주지 못했지만 그의 아버지인 강영우 박사의 적극적이고 헌신적인 믿음과 지원에 힘입어 지금의 결과를 낳게 되었다. 그의 작은 아들인 진영은 현재 듀크 법학 대학교를 졸업하여 연방 변호사로 활동하고 있다. 그는 아버지와 어머니의 가정교육에 있어서 크리스천 교육의 영향을 받아 사람을 긍휼히 여기고 더불어 사는 사회에서 그의 역할을 깨닫고 성장 과정에서 많은 하나님의 선한 영향력을 펼쳤다. 그리하여 하나님의 축복을 받아 지금의 결과를 낳게 되었다.

대부분의 성공관련 도서들의 특징은 실제적으로 성공한 사람들의 이야기나 노하우들로 구성되어 있다. 이 책도 그런 부분에서는 그런 모습을 보이고 있다. 자신의 성공 과정과 이 시대에 뛰어났던 위인들의 삶의 단편들을 모아 성공하는 삶을 위한 10가지 교육 원리를 제시하고 있다. 이 책은 다른 책과 다른 면이 나타나는데 먼저 구체적인 사례들로 많은 사람들이 알고 있는 위인들의 이야기를 다룸으로써 나도 노력한다면 틀림없이 성공할 수 있다는 자신감과 확신을 불어넣어 주고 있다. 이 책 「우리가 오르지 못할 산은 없다」은 10가지 원리들을 실천하기 위해서 필요한 실천기술들을 써 내려간 책이 아니라 그 원리들에 기초하여 살았던 저자와 위인들의 삶의 이야기를 통해서 자연스럽게 요점을 전달한다. 마지막으로 저자의 특수한 환경이다. 일반적인 다른 도서들과 달리 절망의 상황에서 포기하지 않고 노력하여 성공한 저자의 사례는 그 어떤 원리보다도 강한 영향을 주고 있다.

chapter 1. 역경을 도전의 기회로 삼으라

현 대부분 첨단기술의 혁명의 토대가 바로 아이슈타인이 발견한 과학 원리에서 출발하였다 해도 과언이 아니다. 그러나 천재로 현재까지 알려진 아이슈타인 박사는 어릴 적 학습장애아였다. 또한 발명왕 에디슨 역시 학습장애아였다. 어릴 적 학교 공부도 제대로 따라가지 못한 그들이 어떻게 우리 인류생활에 많은 혜택을 준 대과학자로 성장할 수 있었을까?

그들의 공통점을 두 가지로 압축할 수 있는데 첫째는 학습장애 때문에 절망하지 아니하고 현실에 대한 긍정적인 생각이 그들을 위대하게 만들었다는 것이다. 아이슈타인은 모든 사물을 볼 때 감탄의 연속이었다. 다른 사람이 볼 때는 아무것도 아닌 것을 아이슈타인은 "모든 것이 기적이었다"라며 사물관찰태도가 남달랐다. 에디슨 역시 하나의 발명을 위해 무려 만 번의 실패를 해도 이는 하나의 성공의 과정이라며 좌절하지 않았다. 둘째는 바로 부모님의 헌신적인 교육에 들을 수 있다는 것이다. 맹모삼천지교란 말처럼 아이슈타인 부모님은 여러 차례 전학을 통해 자식교육에 헌신적이었으며 에디슨 어머님은 학교에서 바보로 낙인찍힌 아들을 헌신적으로 지도하여 천재성을 개발하였다.

시카고대학 교수로 은퇴한 벤자민 블룸 교수는 교육의 영역을 인지적 영역 이외에 정의적 영역과 심리 운동 영역까지 넓혔다. 즉 전인교육을 말하는 것인데 지력, 심력, 체력을 균형 있게 기른다는 것이다. 위 두 과학자가 지력으로 위대한 과학자가 되는 것은 아니다. 에디슨은 만 번의 실험을 할 수 있는 체력과 좌절하지 않는 심력이 발명왕 에디슨을 만들었던 것이다.

시적 능력 중상 성노만 되어도 심력이 강하면 영재로 성장할 수 있다는 연구보고가 있다. 다시 말하면 지적 능역은 다소 낮아도 심력을 기르면 아인슈타인이나 에디슨과 같이 될 수 있다는 것이다. 심력은 매우 중요하다. 같은 어려운 상황이 어떤 사람에게 주어질 때 절망이 될 수도 있고 전화위복의 순간이 될 수도 있다. 그 상황을 어떻게 받아들이냐는 자세를 배울 수 있는 교육 심력을 기를 수 있는 교육이 천재를 만들 수 있다는 것이다.

미국의 제16대 대통령 링컨 역시 어려운 환경을 불평과 원망으로 허송세월로 보내지 않고 긍정적 사고와 좌절하지 않는 심력으로 이겨낸 대통령으로 기억된다. 그의 교육은 초등학교 1년 교육뿐이었다. 그의 인생은 절망과 좌절의 연속이었다. 친 어머님의 죽음과 첫사랑의 연인의 죽음 그리고 자식의 죽음이 있었고 선거에서 여러 번의 실패는 그를 자칫 폐인으로 만들 수 있었다. 그러나 그는 좌절하지 아니하는 넓은 마음으로 대통령이 되었다.

chapter 2. 인생의 장기적인 목적을 설정하라

저자도 맹인으로서 처음에는 많은 좌절과 그리고 절망이 있었다. 그는 다른 동년배보다도 몇 년은 더 늦었고 그 시대 맹인의 진로야 해 봤자 안마사나 점쳐 주는 점쟁이로 자신의 미래를 생각했다. 그러나 그는 자신보다 더욱 어려운 환경을 이겨낸 헬렌 켈러를 보고 비전을 품게 되었다. 그러자 저자는 절망적인 상황을 하나님께서 주신 개척자 삶으로 여기고 긍정적인 사고를 하게 되었다. 그리고 교수의 비전을 가지고 그 개척자의 삶을 이겨냈다. 장님으로 운명주의적인 삶을 살 수밖에 없는 강 박사의 생애가 하나님께서 주신 축복으로 살 수 있는 원인은 바로 장기적인 목적이 있었기 때문이다.

프랭클린 루스벨트 대통령은 젊은 시절 흔히 잘나가던 정치인이였다. 차기 대통령 후보로 일컬어진 그가 어느 날 소아마비가 30대 중반에 찾아오게 되었다. 하루아침에 정치를 그만두어야 하고 장애인으로 살아야 하는 모습을 볼 때 그는 좌절하고 싶은 마음이었을 것이다. 대통령 후보에서 무능한 장애인으로 추락한 루스벨트는 그러나 좌절하지 않았다. 그는 일어서려고 노력했다. 1시간만이라도 서서 연설할 수 있는 다리의 힘을 기르자라는 목표로 재활운동을 열심히 했다. 7년 동안이나 그는 정치에 재개하기 위한 목표로 외로운 투쟁을 하며 결국 이길 수 있게 된 것이다. 재기에 성공한 그는 미국에서 링컨 이후로 가장 존경받는 대통령이 되었다. 즉 확고한 목표가 있으면 어떤 어려운 환경도 성공하기 위한 하나의 축복이라 할 수 있다.

인간은 상대평가하기 쉽다. 자기와 남을 비교하기가 쉽다. 상대평가는 경쟁심을 유발시켜 자아 발전의 기회로 삼는 긍정적인 면도 있지만 자칫 교만과 열등감으로 빠지는 부정적인 면도 있다. 문제는 바로 부정적인 면이다. 자신을 객관적으로 바라보지 못하고 남과 비교하여 열등감을 느낀다면 그 사람은 더 이상의 발전이 없이 자포자기하게 된다.

여태까지 인간은 상대평가로 인해 자아 성장을 못해 왔다. 그러나 피츠버그대학의 글레이저 박사는 1960년도에 절대평가를 고안 교육측정에 활용하였다. 즉 각 사람 자신이 주어진 능력으로 어느 정도의 성장을 가져왔냐가 중요하지 남과 비교하여 성과를 측정하지 않는다는 것이다. 성경의 달란트 비유가 바로 그 한 예이다. 저자도 만일 상대평가로 비교하며 어린 시절을 보냈다면 지금의 저자가 되지 못했을 것이다.

chapter 3. 자신의 존재가치를 발견하라

슈퍼맨으로 알려진 배우 크리스토 리브는 어느 날 승마를 하다 낙마하여 식물인간이 된 불운아였다. 그래서 그는 자신의 생을 마감하려 했다. 어머니의 동의로 그의 삶을 정리하려는 순간 아내의 눈물어린 간곡한 애원으로 그는 다시 삶을 찾게 되었고 지금은 2억 달러의 연구비를 조성 척추신경 재생연구소 설립에 주도적인 역할을 했고 세계만방에 장애인으로 승리한 삶의 본을 보여주었다. 그가 다시 살 수 있었던 원동력은 바로 아내의 변함없는 사랑이 있었기 때문이다. 아내는 "still you(아직도 당신이에요)" 이 말로 그에게 삶의 의미를 다시 찾게 해주었고 리브가 제2의 인생의 발판을 마련하는 데 초석이 되어 주었다.

트루먼 독트린으로 유명한 미국의 제33대 대통령 헤리 트루먼은 어부지리로 부통령에서 대통령으로 된 자이다. 그는 당시 대통령이 뇌출혈로 사망하자 준비가 덜 된 상태에서 대통령을 인수인계 받았다. 그는 그때까지 자신의 잠재능력을 몰랐다. 그러나 대통령이 된 후 그는 탁월한 외교정책과 뉴딜정책으로 20세기 중반 공산주의와의 외교노선을 일관성 있게 유지한 대통령으로 기억된다. 누구든지 자신의 잠재능력이 있다. 그 잠재능력은 리브와 같이 불행에서 올 수도 있고 트루먼처럼 어부지로 얻을 수도 있다. 중요한 건 좌절하지 말고 자신의 능력을 펼칠 수 있게 준비하라는 것이다.

chapter 4. 분명한 비전을 품으라

토머스 갤로데트 목사는 농아를 위해 교육을 실시한 선구자로 기억된다. 아무도 가지 않은 길을 간다는 것은 많은 불신을 주게 된다. 그러나 갤로데트 목사는 농아학교에 대한 분명한 비전을 품었고 그를 위해 노력했다. 지금은 갤로데트대학교로 발전했으며 장애자와 이에 뜻을 같이하는 비장애자가 공부하는 장소가 되었다. 비전이 분명할수록 성취도가 높다. 강 박사의 경우에도 연세대학 입학 면접 때, 대학 졸업 후, 유학 가서 박사학위를 받고 국내에서 교수로의 비전을 제시했을 때 면접 당시에 비전이 분명해서 좋다는 칭찬을 받았다고 한다. 마틴 루터킹 목사도 흑인과 백인의 평등사회를 꿈꾸며 꿈을 이루어 간 사람이었다. 암울한 시대의 빛의 삶을 살았던 분으로 기억될 수 있었던 이유는 비전이라는 빛이 어둠 속에서 더욱 빛을 발휘했기 때문이다. 굿 윌 인더스트리의 창시자 에드거 헬름 역시 빈민가에 사역을 시작했을 경우 가난한 사람 물건을 공짜로 나눠주자 예상외로 반응이 시큰둥한 것에 놀랐다. 그는 빈민가에서 가장 필요로 한 것은 물질적인 공급이 아니라 바로 그들의 비전을 심어주는 것이 중요하다는 것을 깨닫게 되었다. 그래서 그는 고용을 창조하고 복지를 높일 수 있는 굿 윌 인더스트리를 세워 빈민가에 일자리 제공과 저렴한 중고 물품시장을 개척해 나갔다. 꿈을 포기하지 않는 가운데 자신의 길을 확신 가운데 나아간다면 우리는 우리가 원하는 그 이상을 성취해 나갈 수 있다.

chapter 5. 역할 모델을 가지라

강 박사가 맹인으로 삶을 첫발을 내딛었을 때 그에게 희망이 되어준 사람 중 하나는 일본인 이와하시 다께오라는 사람이 있었다. 일본의 맹인복지 선구자로 와세다대학 학사와 영국 에든버러대학에서 석사를 받고 일본 교수로 강 박사의 역할 모델이 되어 주었다. 루스벨트 대통령이 장애로 힘겨울 때 그의 역할 모델은 바로 헬렌 켈러이었다.

시카고대학은 노벨상 받은 사람이 가장 많은 대학이다. 다른 대학보다 우수한 인재가 들어오는 것은 아니지만 그 대학이 다른 대학보다 다른 점은 바로 위인전 100권 읽는 점인데 그 차이가 그 대학 동문 교수 중 70명이나 노벨상을 받을 수 있게 한 것이다. 시카고 대학생은 자신이 읽은 위인 100명 중 역할 모델을 찾게 되고 그리고 그렇게 되기 위해 부단히 노력한다.

강 박사의 지금의 역할 모델은 사도 바울이다. 바울도 역시 신체적 장애를 딛고 땅 끝까지 복음의 사명전한 위대한 자이다. 강 박사가 바울에게서 배울 점 세 가지를 요약했는데

① 고난 속에서 세계적인 비전을 품은 것 ② 고난에 대한 긍정적인 태도 ③ 약한 것들을 자랑해서 하나님의 권능을 드러내는 신앙과 용기를 나타냈다는 점. 이 3가지를 강 박사는 배우려고 한다. 아이들의 역할 모델은 부모이다. 그렇기 때문에 자녀교육의 가장 중요한 것은 부모로서의 솔선수범이 중요하다.

chapter 6. 세계화시대에 알맞은 가치관을 정립하라

세계화시대에는 자신의 가치관의 확립이 중요하다. 존 F 케네디를 기리기 위해 케네디가 행하는 평화 봉사단은 세계화시대의 좋은 가치관의 한 예라 할 수 있다. 또한 97년 노벨 평화상을 수상한 조디 윌리엄스 여사는 비록 평범한 사람이지만 생각만은 생명의 고귀함을 실천하기 위해 대인지뢰 금지운동으로 자신의 가치관을 실천하는 자라 할 수 있다. 전 세계적으로 1천 5백만밖에 되지 않는 유대인이 각국에서 영향력 있는 지도자가 될 수 있는 원인은 무엇보다 본이 되는 고유 가치를 계승했기 때문이라 할 수 있다. 물론 다른 민족도 가치와 전통을 계승하지만 유대인의 교육의 초점이 우리 주입식 교

육에 총력을 기울이는 반면 유대인은 보편가치와 고유가치 교육을 철저히 해서 심력을 기울이는 데 차이가 있다. 가치교육의 중요한 점은 사람의 생애에서 잘 나타난다. 미국의 철강왕인 앤드루 카네기는 가치의 목적을 돈이 아닌 사회복지에 두었기 때문에 자신의 전재산을 아들이 아닌 사회에 환원을 했다. 올바른 가치의 교육은 가정에서 이루어진다. 가정에서 부모가 본이 되고 올바른 가치를 가르치고 실행한다면 아이의 생애는 많이 바뀌게 될 것이다.

chapter 7. 동일한 가치를 추구하는 집단에 소속하라

인간은 살면서 2가지 집단에서 살게 된다. 하나는 의도적으로 선택한 집단과 다른 하나는 전혀 의도하지는 않았는데 선택된 집단이다. 가족과 같은 집단은 자신이 태어나고 싶어서 태어난 것이 아닌 집단에 소속된 것이고 교회나 동아리처럼 가입하고 싶어서 가입한 의도적인 집단이 있다. 우리 현대는 특이나 의도적인 집단이 중요한데 그곳에서 우리는 사회성과 인간관계를 넓힌다. 자신이 어느 집단에 소속되어 있는가에 따라 자신의 진로 방향 또한 결정된다. 강 박사 또한 세계적인 자원봉사클럽인 로터리클럽에 있으므로 때로는 대통령을 만나게 되고 때론 영화인도 만나게 되었다. 같은 목적을 추구하는 집단에 소속도어 있으면 비록 국가도 다르고 언어도 다르고 인종이 다르다 할지라도 친구가 될 수 있다.

chapter 8. 결코, 결코, 결코 포기하지마라

노벨문학상 수상자이자 위대한 정치인, 웅변인 그리고 2차 세계대전 승리를 이끈 영국수상 처칠은 말더듬의 장애가 있던 사람이었다. 그는 졸업식 때 연설인 "never, never, never give up" 아주 짧은 연설로 많은 인상을 남겼다. 언어 장애가 있던 사람이 정치인으로 성공하기에는 사실상 어려웠다. 그러나 그는 결코 포기하지 않고 자신의 비전을 성취하고야 말았다. 장애가 결코 장애가 되지 않는 사회, 전인격적인 교육이 실시되는 사회, 이런 사회에서 처칠이 나올 수 있고 발명왕 에디슨이 나올 수 있고 아이슈타인이 나올 수 있는 것이다. 미국 교육이 선진화될 수 있는 것은 행정부의 교육정책의 목적이 달랐기 때문이다. 레이건 행정부의 교육부장관 베네트는 교육정책에 있어서 3C 정책을 실행했는데 그 내용은 첫째도 가치요 둘째도 가치요 셋째도 가치교육을 가르친다. 전인격적인 교육이 실시될 때 심력이 길러지고 잠재능력이 빛을 발휘할 수 있는 것이다.

chapter 9. 타고난 능력을 개발하라

직업의 종류는 1170여 개가 있다. 보통사람은 약 100여 개만 대충 알지 그 이외에는 잘 모르고 생소하다. 그 직업을 선택하는 사람은 자신의 잠재능력엔 120개의 다양한 능력이 있다. 그러므로 자신이 타고난 은사개발과 그리고 그에 맞는 직업을 선택하는 사람은 정말 행복한 사람이라 할 수 있다. 최초로 전화기를 만든 벨은 죽기 전 후예사람들에게 자신을 '농아의 스승'이라 기억되고 싶다고 말했다. 솔직히 그의 생애를 보면 많은 삶을 농아와 같이 보내왔고 그들을 가르쳤다. 다만 전화기 발명은 농아의 복지를 위해 만든 부수적인 열매라 할 수 있다. 벨은 발명가로서 은사가 있는 것도 있지만 분명 그는 농아 교육가이다. 하나님께선 각 사람에게 다른 달란트를 주셨다. 그러므로 우리는 사회적인 위신과 체면에 얽매이지 말고 자신의 적성에 제일 맞고 흥을 느낄 수 있는 직업을 선택해야 한다.

chapter 10. 최선의 것을 주라

미국의 명문고교인 필립스 앤도버 아카데미의 건학 이념은 not for self 우리말로 "나 자신이 아닌"이란 교훈을 삼고 있다. 필립스고교는 설립 당시 기독교 정신 기초하에 지었기 때문에 박애정신과 남을 배려하는 사상이 많이 담겨져 있다. "나 자신을 위해서가 아닌" 교육 이념을 담은 이 고등학교는 일주일에 3시간 정도는 봉사나 학비를 보태도록 장려하고 있다. 학칙 또한 엄격하여 1번 거짓말하다 들키면 정학 두 번 들키면 퇴학을 주고 1번 거짓말하고 그 정도가 심할 경우 1번에 퇴학을 주기도 한다. 이 학교 동문이 부시 전 대통령 삼부자는 여기서 배운 전인격적인 교육으로 지금의 미국의 지도자가 될 수 있었던 것이다. 선한 사마리아 여인처럼 남을 긍휼히 여길 수 있는 마음 이런 마음을 가꾸는 것은 태어날 때부터 생긴다고는 할 수 없다. 물론 천성이 착한 사람은 교육하지 않아도 그리되겠지만 우리 대부분의 사람은 이런 마음을 가지기 위해서는 심성을 길러야 한다. 그 심성을 기르기에 선행되어야 할 곳은 바로 가정이다. 인격 형성은 학교보다 가정에서 먼저 이루어지기 때문에 가정에 배운 습관이 중요하다. 그리고 학교 교육을 통한 배움과 실천을 통해 나 자신이 아닌 남을 위해 일을 할 수 있는 넓은 마음이 형성될 수 있고 지도자가 될 자격이 생기게 된다. 하나님은 그런 사람을 기억하시고 그 사람을 통해 역사하실 것이다.

삶의 의미와 존재감에 대한 수많은 질문을 던지며 그 답을 찾기 위해 알 수 없는 방황을 해 나가는 속에서 톨스토이가 말한 삶에 대해 귀를 기울여 보기도 했고, 젊은 날의 초상에서처럼 방황 가운데 서해 보기노 했다. 하지만, 언제나 놀아와 묻게 되는 것은 "어떻게 살아야 할 것인가"였던가? 그리고 그 속에서 추상적인 답들이 아닌 구체적이며 손에 잡히는 뚜렷한 그 무엇을 원했었다.

그 길에서 하나의 빛이 되어준 책 한 권이 이 책이다. 누구나 말하는 "성공하기를 소망하는 사람들에게 성공한(성공이란 결코 물질적 부귀와 명예만을 의미하진 않으리라.) 사람이 들려주는 이야기"일지도 모른다. 하지만, 유난히 나의 마음에 빛과 같은 한 줄기 길을 제시해 준 까닭은 그의 글에서 바탕에 존재하는 교육학적 지식과 체계 때문이다.

"성공하는 삶을 위한 10가지 교육 원리"가 부제로 달린 이 책은 누구나 던질 수 있는 10가지의 원리들이 담겨 있다.『역경을 도전의 기회로 삼으라/인생의 장기적인 목적을 설정하라/자신의 존재 가치를 발견하라/분명한 비전을 품으라/역할 모델을 가지라/세계화 시대에 알맞은 가치관을 정립하라/동일한 가치를 추구하는 집단에 소속하라/결코, 결코 포기하지 말라/타고난 능력을 개발하라/최선의 것을 주라』하지만 교육학에 있어서 권위자인 그가 교육학적 이론들을 토대로 삶의 원리들을 제시한다. 이 책의 내용이 평이하게 기록되었고 누구나 쉽게 읽을 수 있는 내용이지만 쉽게 치부될 수 없음은 이 책의 기저에 존재하는 교육학적 이론이 큰 호소력을 지니기 때문일 것이다.

이 책을 읽어 나가며 저자가 말하는 삶의 이상목표와 도구목표에 따라 삶의 목표들을 정리해 보며 현재 이 순간 내가 무엇을 해야 할 것인가에 대한 실천목표를 나열해 가던 그때는 내게 감동적인 시간이었다. 누구나 삶을 향해 그 어떤 것을 던지지만 찾지 못해 힘들어

한다. 막연함 속에서 뚜렷함을 붙들지 못하고 고민하며 때론 주저앉으며 좌절한다. 특히 진지한 삶의 시작에선 20대 초의 젊은이라면, 청년이라면 더 그럴 것이다.

젊은 날 청년들이 삶을 향해 안은 가슴 벅찬 꿈들과 진취적 기상, 도전적 정신 등을 다시 찾고 발견하며, 추구하며 나아가는 방법들을 이 책에서 제시해 준다고 생각한다. 더불어 강영우 박사님의 책 몇 권을 더 소개하고자한다.

1. 『꿈이 있으면 미래가 있다』
2. 『어둠을 비추는 한 쌍의 촛불』

강영우 박사는 누구인가?

강영우 박사의 저서를 읽고 나누어 봅시다.

강영우 박사의 "십계명" 중 본인에게 가장 도전이 되는 계명을 나누어 보세요.
(   ) 계명
그 이유는?

〈강의 특강〉 청소년의 이성교제

백과사전: 이성교제란?

이성과의 사귐을 통해 동성이 갖고 있지 않은 사고와 관심 등을 이해하고 나누면서 자신의 인격 성장에 도움을 주고받은 일을 말한다. 성장 급등과 2차 성징이 나타나는 사춘기에 이성에 대한 호기심과 동경을……

우리 청소년들 중에 이성교제에 대해 관심이 없는 학생들이 있을까요? 그만큼 우린 이성 친구를 그리워하며 뭔가 공허함을 이성교제를 통해 해소하려한다. 하나님께서 처음 사람을 창조하셨을 때도 혼자 외롭게 있는 것이 좋지 못하다 하시며 돕는 베필을 창조해 주셨습니다. 우리에게 있어서 이성 친구는 놀이의 대상이나 실험의 대상이 아니라 나를 돕는 친구이자 동료라는 점을 분명히 인식하는 것이 중요하다.

이성 친구를 사귀는 것은 인생에 있어 좋은 경험이 될 수 있지만 아직 결혼을 전제로 하기는 어렵기 때문에 좋은 우정을 지니는 상대로 여기는 것이 적합하다. 그렇게 함으로써 남녀 간에도 참다운 우정이 있음을 알게 되고, 서로 신체적, 정신적, 사회적으로 같은 점뿐만이 아니라 다른 점이 있음을 깨닫게 되기도 한다. 서로를 알아가는 과정 가운데서 이성에 대해 인격체로 이해하고, 믿고, 존중할 수 있음을 배우게 될 것이다.

이성교제를 하는 이유는 크게 두 가지라고 합니다. '나에게 잘해주기 때문에'와 '편하다'는 것입니다. 아무도 이해해주지 못하는 마음

을 이성 친구는 잘 알아주고 도와준다고 했습니다. 또 동성친구에게
서는 질투심이나 경쟁감으로 인해 느낄 수 없는 편안함을 이성 친구
를 통해 느낄 수 있다고 한다. 이렇게 편안함을 주는 사람이 되어야
하고 그랬을 때야만 그 관계가 오래 지속될 수 있다.

이때 중요한 것은 진실과 성실을 가려낼 수 있는 안목과 기준이
있어야 한다는 것이다. 모든 선의를 의심하는 것도 나쁜 일이겠지만
꼬이기 위해 잘해 주는 것, 스트레스 해소용으로 교제하는 것, 심심
풀이 땅콩으로 만나는 것 등은 구별할 줄 알아야 한다.

— 이런 만남이 좋아요(이성교제를 하고 있는 청소년들 모두 명심
하기 바랍니다.)

① 학교나 교회 등 양성화된 장소에서 여럿이 만나 함께 활동하는
   것이 유익합니다.
② 잘 알지 못하는 사이에는 은밀히 만나지 않습니다.
③ 둘이 만날 때는 확실한 계획을 세우고 은밀한 장소는 피합니다.
④ 둘의 만남에 부모님도 함께하는 시간을 고려하는 것이 좋습니다.
⑤ 동의 없이 상대방의 몸에 손을 대지 않습니다. 함부로 손을 대
   려고 하면 '그만둬'라고 단호히 말하는 것도 중요합니다.
⑥ 신체적 애정표현에 대한 자신의 한계를 엄격하게 설정해야 합니다.
⑦ 성적 자극을 피하여야 합니다.
⑧ 상대방을 존중하고, 자연스런 만남이 되도록 해야 합니다.
⑨ 이성교제를 하면서 부딪히는 문제들을 그때마다 해결하도록 합
   니다. 특히 경험 있는 어른들에게 묻는 것도 좋은 방법이라 하
   겠습니다.
⑩ 이성교제를 하고자 하는 목적의식이 선선히 세워져 있어야 합니다.

─이런 점들은 주의하자

① 청소년기는 서로의 정서와 감정이 급변하는 시기이기 때문에 이성교제가 오랫동안 원만하게 지속되기 어려운 점이 있을 수도 있습니다. 그러나 그것은 그 시기에 있을 수 있는 자연스런 현상으로 지나치게 상처받을 필요는 없습니다.

② 상대방의 분명한 동의 없이 신체적 접촉을 강제로 하는 것은 상대방에 대한 명백한 폭력입니다. 성적 욕구는 자연스런 것이지만 서로가 분명한 성적 주체성을 가지고 상대를 존중하고 배려해야 하며 자제력을 발휘하는 것도 중요합니다. 한편, 원하지 않는 접촉은 단호하게 거부할 줄 알아야 합니다.

③ 상대방이 원하지 않은 행위를 강요해서는 안 됩니다. 남자들은 망설이고 있는 여자친구를 설득해서 필요 이상의 신체 접촉을 하려해서는 안 됩니다. 여자들도 남자들을 유혹하지 말아야 할 것입니다.

④ '싫다'는 말을 하는 것을 두려워해서는 안 됩니다. 그 말을 하면 상대방의 감정을 해치고 심한 상처를 입힐 것이 두려워서 많은 사람들이 싫다는 말을 하지 못합니다. 싫다는 말을 하지 못함으로 더 큰 것을 잃을 수 있습니다. 우리 친구들은 각자 스스로를 사랑하고 보호해야 할 책임과 의무가 있습니다. 원하지 않는다면 싫다고 말해야 합니다.

⑤ 좋다면 모든 것을 다할 수 있는가? 꼭 그렇지는 않습니다. 아무리 좋다고 동의가 되어도 그 일에 대해서 깊이 생각해 보아야 할 것입니다. 특히 순간적인 감정과 충동에 따라 행동하는 것은 좋지 않습니다. 이는 서로가 책임질 수 없는 결과를 만들며 서로에게 깊은 상처를 안겨줄 수 있기 때문입니다.

—이성교제의 장점

① 이성과의 데이트를 통해 이성에 대한 이해와 존중을 배운다.

② 서로 간의 깊은 친밀감을 경험하며 사랑의 가능성을 키워 나가 게 됩니다.

③ 이성과의 교제를 통해 나도 모르던 나의 잠재된 모습을 발견하 기도 하며, 나의 마음 속 깊이 간직되어 왔던 갖가지 감정들이 되살아납니다.

④ 진정한 나를 발견하는 데 매우 중요한 하나의 과정이라 할 수 있다.

⑤ 이성을 사랑한다는 것은 사랑의 본질과 기쁨을 알게 됨으로써 이성에 대한 혐오감이나 공포심을 덜어주는 기회가 된다.

⑥ 이성교제를 통해 남성과 여성의 장단점을 파악함으로써 남녀가 서로 어울려 지내는 예절을 배우게 해준다.

⑦ 이성교제의 경험을 통해 서로의 개성과 인격을 존중할 줄 알게 됨으로써 장래 배우자 선택이나 결혼 생활에 대한 유익한 자질 을 갖출 수 있는 계기가 될 수 있습니다.

⑧ 이성교제를 하면서 상대가 차지하는 위치를 평가하고 유사한 지위를 얻을 수 있는 지위와 성취의 원천

⑨ 청소년들이 자신의 정체성을 분명히 하고 가족으로부터 독립할 수 있도록 돕는 정체성 형성과 발달, 성과 함께 활동하고 상호 작용한다.

⑩ 동료 의식을 경험할 수 있는 동료의식 경험 등의 효과를 나타 낸다.

─이성교제의 단점

① 이성만 자꾸 생각함으로써 청소년기에 해야 할 과업을 수행하는 데에 어려울 수 있다.

② 부모님의 승낙과 이해가 없다면 부모님께 솔직하지 못해 부모－자녀관계가 멀어진다.

③ 이성 친구에 집착한 나머지 동성 친구와는 소홀할 경우가 있다.

④ 둘만의 관계로 계속 은밀한 데서 만나게 되면 성 관계까지 발전될 가능성이 있고, 그 관계로 임신이나 성병을 초래할 수도 있음.

⑤ 상대방에 대한 집착으로 폭넓은 인간관계를 방해한다.

⑥ 서로 선물을 하고, 데이트 비용 등 용돈이 많이 들어서 부모님께 폐를 끼친다.

⑦ 공부를 하고, 친구들과 어울림으로써 바람직한 10대를 보내야 할 시간이 낭비된다.

⑧ 10대 미혼모 같은 문제가 발생할 수 있다.

⑨ 수업 시간이나 자율학습 시간에 서로 간의 잡담이나 쪽지 전달과 통신의 발달로 인해서 핸드폰으로 문자를 보낸다거나 심지어는 수업 시간에 여자친구, 남자친구에게 전화를 하는 경우까지 있다. 그것으로 인하여 교제를 하는 당사자들뿐만 아니라 같은 반 학생들에게도 피해가 갈 수도 있다.

⑩ 법적으로 풍기문란 죄에 속해, 뉴스에 보도되는 등 나라 경쟁력에 큰 악영향을 끼칠 수 있다.

〈강의 특강〉세계관: 현대 이슈(동성 Homo Sex) 존 스토트의 동성애 논쟁 브리핑

존스토트와 존파이퍼의 동성애 논쟁 브리핑

동성애란? 두산 백과사전에서는 '동성애'를 다음과 같이 정의한다.

동성의 상대에게 감정적·사회적·성적인 이끌림을 느끼는 것으로, 동성애자는 이러한 감정을 받아들여 스스로 정체화한 사람을 뜻한다. 대개 여성동성애자는 레즈비언(lesbian)으로, 남성동성애자는 게이(gay)로 지칭된다. 과거에는 동성연애 또는 성대상이상(性對象異常)이라는 용어가 사용되기도 했으나 동성애 혐오적인 의미가 있다하여 인권 활동가들은 동성애란 용어를 사용하기를 권장하고 있다. 또한 이성애자를 일반적이라고 보는 사회를 비판하는 취지에서 동성애자들은 자신들을 역설적으로 이반(二般 또는 異般)이라고 부르기도 한다. 또한 자신이 동성애자임을 밝히는 것을 커밍아웃(comming out)이라 하며 타인에 의해 강제로 성 정체성이 밝혀지는 것을 아우팅(outing)이라 한다.

동성애의 원인을 밝히려는 연구 및 주장이 있어 왔다. 동성애가 호르몬의 부조화나 성 정체성에 영향을 미치는 유전자 등 생물학적 요인에 기인한다는 이론도 있고, 프로이드(Freud)는 동성애를 성(性)심리의 발달 과정에서 일어난 갈등의 결과로 보기도 하였다. 이 밖에도 학습이론 등이 있으나, 정설은 없으며, 동성애 인권 운동가들은 이렇듯 동성애의 원인을 설명하려는 시도가 동성애를 비정상적인 것으로 보는 시각에서 출발한다고 비판한다.

동성애 연구와 운동의 시작

19세기 말부터 동성애자의 권리운동이 시작되어 정치적 쟁점으로
까지 떠오른 것은 20세기 후반부터이다. 미국 정신의학협회는 동성애
를 정신질환의 일종으로 간주하다가 1973년 정신질환의 목록에서 삭
제하였다. 이와 같은 일련의 일들로 인하여 동성애는 다양한 정체성
의 하나로 용인받게 되어 네덜란드, 벨기에 등 몇몇 국가에서는 동성
간의 결혼이 합법화되었다. 미국의 경우, 매사추세츠 주에서 동성결혼
을 합법화하고 10여 개의 주에서 동성애자 차별금지법이 제정되는 등
세계적으로 동성애에 관한 사회적 인식이 변화하고 있다. 한국에서도
국가인권위원회법에서 동성애자에 대한 차별을 금지하고 있다.

동성애의 특이성

동성애는 유전적인 결함, 호르몬 불균형, 정신 질환, 귀신에 들림
과는 상관이 없다.

동성애는 남성이 다른 남성에게 성적, 감정적으로 매력을 느낌을
의미하며, 여성이 다른 여성에게 성적, 감정적으로 매력을 느낌을 의
미한다. 이러한 상태를 동성에 대한 호감이라고 표현하기도 한다.

사람들은 왜 동성에 대한 호감을 느끼는 것일까? 동성애는 개인의
특성을 형성하는 여러 요소와 개인적인 선택 간의 복잡한 결합을 통
해 습득된다. 동성애 호감을 갖게 되는 많은 사람들은 어린 시절부
터 이미 자신은 다른 사람과 '다르다'는 생각을 가지고 있으며, 따라
서 자신은 '동성애자로 태어났다'고 생각한다. 때때로 뉴스나 잡지를
보면 과학자들이 동성애 유전자가 존재한다는 증거를 발견이라도 한
것같이 보인다. 그러나 현재까지는 사실을 증명할 만한 증거가 발견
되지 않았다. 한편, 자신은 다르다는 생각이 동성애의 원인 중 하나

인 것은 사실이다.

일반적으로 각 개인의 삶마다 다양한 요소가 서로 다른 중요도를 띄고 작용하는 것으로 보인다. 다음의 요소들은 동성애를 드러내는 가능성이 높은 것들의 연구이다.

1. 타고난 요소들(예를 들어 기질 혹은 잠재적인 유전적 소질)
   - 호르몬 비조화설
2. 어린 시절 특별히 부정적이었던 경험의 유무(예를 들어, 성적인 학대 혹은 동료 그룹에 의한 거절)
3. 개인의 가정사가 좋았는지 혹은 나빴는지의 여부 - 가정 환경설
4. 유아기 혹은 청소년기에 사건을 당할 당시 자신에게 제공되었던 지원의 정도
5. 유아가 받은 윤리적 교육의 종류 - 심병설(심리적인 병)
6. 감정과 호감에 반응하여 내려진 선택 - 취향설
7. 특정 문화에서의 성 역할 구분(얼마나 확실한지 혹은 얼마나 불투명한지) - 도피설

동성애의 이해

1) 호르몬 비조화설

"호르몬 비조화설은 호모에게는 남성 호르몬이, 레즈비언에게는 여성 호르몬이 부족해 동성연애자가 된다는 것이다." 호르몬 비조화설은 과학적인 실험을 통해서 부정된 이론이다. 남성 동성애자의 남성 호르몬양이나 여성 동성애자에게 있어서의 성 호르몬양은 이성애자들의 경우와 다를 바 없다. 동성애자들에게 특징적으로 나타나는 호르몬 불균형은 없다.

남자 동성애자나 여성 동성애자에게 각각 남성 호르몬, 여성 호르

몬을 주입시키면 신체적인 변화가 일어날 뿐이지 ─ 가령 근육이 발달한다든가, 몸이 유연해 진다든가, 성욕이 강해진다든가 하는 등 ─ 성향이 바뀌지는 않는다는 것이 실험으로 입증되었다.

동성애 행동은 동성의 다른 사람과의 성적인 친밀감을 통하여 사랑과 인정, 정체성에 대한 정상적인 필요를 충족시키려는 시도이다. 동성애라는 정체성이 형성되는데 기여하는 요소들이 복잡 미묘한 것들이기는 하지만, 경험상 동성애의 가장 근원적인 뿌리 중 하나는 어린 시절에 경험한 '관계의 단절'이다. 관계의 단절로 인해 평생 동안 한 사람이 다른 사람과 건전한 관계를 맺을 능력을 계발하는 과정이 방해를 받게 된다.

2) 가정 환경설

"유아기에서 성장하면서 남자 아이를 여자 아이처럼 키운다거나 여자 아이를 남자처럼 키워 실제 성과는 다르게 생각하고 행동한다는 지적이다. 실제로 레즈비언이나 호모들 가운데는 이런 사람이 있으며, 우리나라에서도 성전환 수술을 받은 사람들 가운데 이런 현상을 보이는 사람이 있다."

유아의 안정감은 어머니와 유아, 아버지와 유아, 부모 간의 관계라는 세 가지 관계에 달려 있다. 이 세 가지 관계 중 어느 하나만 단절되더라도 유아의 마음에 불안감이 조성될 수 있으며, 따라서 성 정체성 형성에 매우 필수적인 소속감과 인정이 결여된다.

만약 유아기에 어머니나 아버지가 부재했거나, 유아가 어머니 혹은 아버지에게 감정적인 거리감을 느꼈을 경우, 유아는 일정 수준의 불안감을 느끼게 된다. 또한 부모가 충족시켜 주지 못한 친밀감과 보호받는다는 느낌을 맹목적으로 추구하게 된다. 이에 더하여, 어린

나이에 성적인 학대를 당한 경우에는 다른 사람과 관계를 맺는 능력
에서 큰 타격을 받는다.

유아는 더 이상 상처입고 실망하지 않기 위해 부모나 기타의 중요
한 영향력을 가진 성인들과 거리를 둘 수도 있다. 움츠러드는 경향은
친밀감에 대한 두려움을 형성하며, 다른 사람들로부터 스스로를 고립
시키는 한편 자신에게는 결여된 것들에 부러움을 가지게 한다. 또한
이러한 경향은 이미 유아에게 형성되어 있던 스스로를 무가치하게
여기는 마음과 거절감을 더욱 악화시킨다. 그에 따른 영향으로 동성
애 대한 감성이 생길 수 있다는 연구 결과가 일반적이다.

이러한 경험은 유아에게 인정과 애정에 대한 거대한 필요를 남긴
다. 대부분의 경우 동성에게 매력을 느끼는 일은 약 10세 전후에 시
작된다. 그러한 느낌은 감정적이고 성적인 것이 아니며, 비자발적인
것이다. 성적으로 성숙해 가면서 이러한 필요는 육욕화되기 시작한
다. 성적인 친밀함은 사랑받고 인정받고 있다는 느낌을 만족시키기
위한 기본 도구가 된다.

3) 도피설

"남성이 직장이나 가정에서 남자 구실을 제대로 못해 내고, 여성
은 여자로서, 아내로서의 엄마가 되는 것을 두려워해 동성애자가 된
다는 설명이다."

이 이론은 성적 성향이 아주 어릴 때 결정된다는 것을 부인하는
것이다. 성적 성향이 아주 어릴 때 결정된다는 것은 거의 정설이다.
(선천적이든 후천적이든지) [도피설]은 전혀 논리적 근거도 없는 설
이다. 남성이 식상이나 가정에서 남자 구실을 제대로 못하는 것이

왜 그를 동성애자로 만드는가? 동성애자가 되면 그런 의무감이 없어지거나 덜어지는가? 여자의 경우도 마찬가지이다.

동성애자는 현재 자신의 성에 대해 불만을 가지거나 그 성에 대해 자신이 없는 사람들이 아니다. 그리고 그 성으로 인해 부여되는 역할을 두려워하지도 않는다. 위와 같은 이론은 이성애자나 동성애자 구별 없이 일부의 사람에게 나타나는 심리적인 문제이지 그것이 동성애의 원인은 아닌 것이다.

동성애를 보는 견해(기독교적 관점)

구약과 신약에서 동성애는 죄라고 분명하게 기록되어 있다. 우리나라의 동성애자, 양성애자, 혹은 성전환자 인구가 3백만 명에 달하는 이 시점에서 우리 교회는 신학적인 입장을 표명하는 데에 그치지 않고 실질적인 대안을 마련해야 할 것이다.

몇 가지의 개별적인 연구 결과에서는 우리나라 동성애자들 중 20~25%가 기독교인인 것으로 나타나고 있다. 이는 우리나라 전체 인구 중 기독교인 비율과 크게 다르지 않은 것으로, 우리가 출석하고 있는 교회에도 동성애자가 있을 수 있다는 점을 시사한다. 동성애 문제는 단순히 교회가 관심을 가져야 할 사회적인 이슈일 뿐만 아니라 이미 우리 교회 안에 스며들어 와 있고 달아날 수 없는 심각한 문제이다. 교회는 거룩함의 모습을 강조하고 성적인 대화를 터부시하고 있으며, 기독교 동성애자들은 자신의 실제 모습을 숨긴 채 매주 예배에 참석하고 있다. 어쩌면 찬성이냐 반대냐의 논쟁은 더 이상 의미가 없을지도 모른다. 지금 교회의 안과 밖에 둘러싸고 있는 이 거대한 문제에 대해 실질적이고 즉각적인 대안이 요구되기 때문이다.

브라이어 와이트 헤드는 그녀의 저서 『나는 사랑받고 싶다』에서 이렇게 말하고 있다.

"자유주의 교회는 동성 간의 결합을 축복하며, 실제로 동성애 행위를 하고 있는 사람에게도 성직을 수여한다. 철저한 보수주의자들은 이들을 교수형에 처하려든다. 그 사이에 있는 사람들은 무척 혼란스럽다. 많은 사람들이 동성애는 그 원인이 동일하며, 동성애자도 이성애자가 될 수 있음을 모르기 때문이다."

대부분의 동성애자들은 과거의 상처나 채워지지 않은 필요로 인해 동성애를 시작하게 된다. 여성 동성애자, 즉 '레즈비언'의 경우에는 어렸을 때 남자에게 학대를 받은 사람들이 많다. 성장하면서 보호와 친밀함과 수용을 절실히 필요하지만 과거의 학대로 인해 이미 남성에 대한 신뢰를 잃었기 때문에 자신의 필요를 채우기 위해 다른 여성에게 끌리게 되는 것이다. '게이'라고도 불리는 남성 동성애자의 경우, 어렸을 때 아버지를 비롯한 주변 남자들로부터 거부를 당했다고 생각하는 사람들이 많다. 이로 인해 성장 과정에서 자신을 인정해 주는 남자들을 좋아하게 되거나, 아니면 남성으로서의 자존감을 낮게 가지고 있어서 보다 남성적인 사람을 만났을 때 이끌리게 되는 것이다.

보호를 받기 원한다거나 인정을 받기 원하는 것은 모든 여자와 남자가 공통적으로 가지고 있는 필요이다. 동성애는 이런 필요가 채워지지 않을 때 나타나는 수많은 증상 중의 하나일 뿐이고, 우리에게는 이러한 근본적인 필요를 채울 수 있는 방법이 있다.

바로 예수님의 십자가를 통한 하나님의 사랑이다. 그리스도의 사랑을 기초로 하여 건강한 가족을 세우고 부모가 자녀들을 성경적인 가르침으로 인도할 때에, 동성애를 비롯한 많은 문제가 예방될 수 있다. 이미 동성애의 생활에 빠져 있거나 자신의 삶 속에서 사랑의 결핍을 절실히 느끼고 있는 사람은 예수님과의 관계를 통해 과거의 상처를 치유받고 마음속의 공허함을 채우며 하나님이 의도하시는 충만한 삶을 살아갈 수 있다. 또한 예수님을 모르고 동성애의 삶을 살고 있는 사람들은 동성애 관계에서 찾을 수 없는 무조건적이고 변질되지 않고 온전한 사랑을 예수님의 십자가에서 발견할 수 있다. 교회 내에서의 동성애 문제 예방, 기독교 동성애자들의 치료, 그리고 비기독교 동성애자들에 대한 진정한 사랑과 관용은 오직 예수 그리스도의 복음을 통해서만 가능한 것이다.

동성애자들에게 우리(나)는 누구인가? 특히 그리스도인들 중에 동성애에 빠져 있는 자들에게는 다음과 같은 교훈이 필요하다.

1) 하나님의 형상을 지닌 존재

창세기 1장의 창조 기사에서 볼 때, 인간은 하나님의 형상대로 창조된 '사람의 일부'라는 사실을 알 수 있다. 인간은 하나님의 형상을 닮은 본질적인 존재이다. 청년, 청소년도 하나님의 창조의 일부로서의 사람이다. 그들은 창조주가 그의 형상대로 창조한 자로서의 그들의 주체성을 갖는다. 또한 우리는 하나님을 닮았다는 사실을 기억해야 한다. '하나님의 형상'이란 성인들의 독점물이 아니라, 오히려 청소년에게서 더욱 쉽게 발견할 수 있는 선물이다. 하나님의 형상이란 하나님과 인간이 공유하고 있는 지속적인 인격의 특성을 말한다는 것과, 바로 이 특성들이 우리가 비인격적인 존재가 아니라 인격적인 존재라는 말의 의미를 규정해 준다고 할 수 있다.

2) 십자가의 사랑이 필요한 존재

성경은 모든 사람이 죄를 범하였으매 하나님의 영광에 이르지 못하였다(롬 5:8)고 말씀해 주고 있다. 또한 의인은 없나니 하나도 없으며 모든 인류가 죄의 권세 아래 있음을 선언하고 있다(롬 3:9-10). 현재 예수 안에 있는 청년, 청소년이라고 죄로부터의 유혹은 예외일 수 없다. 예수 그리스도의 십자가의 복음을 통해 구원을 받아야 한다.

동성애자들의 근본적인 변화는 예수 그리스도의 십자가의 사역을 통해서 일어난다. 왜냐하면 복음에는 모든 믿는 자를 구원하는 하나님의 능력이 있기 때문이다(롬 1:16). 따라서 동성애자들로 하여금도 그들의 자신의 죄 문제에 직면하고 복음을 영접하는 것이 일차적인 사역인 목표가 되어야 할 것이다. 또한 그들이 자신의 죄를 인정하고 하나님과 사람에게 그 죄를 고백할 때 그리스도의 은혜의 풍성함을 추구하게 되고 그것을 귀하게 여기게 된다.

3) 하나님의 영광을 위해 살아야 할 존재

성경 소요리 문답 제1문항은 사람의 제일 되는 목적은 하나님을 영화롭게 하는 것과 영원토록 그를 즐거워하는 것이다(고전 10:31; 롬 11:36; 시 73:24-24; 요 17:22-24).[22]

4) 언약적 존재

우리는 하나님의 백성으로 언약적 존재라 할 때, 그 뜻은 하나님과의 관계를 위해 준비된 자들이라는 것이다. 하나님의 백성에 있어

---

22) 대한예수교장로회총회, 헌법,(서울: 대한예수교장로회총회 출판국, 2000) p.29.

서 그들이 동성애라는 정체성으로 가장 중요한 실재는 하나님과의 관계이다. 그들은 하나님을 알고, 하나님을 사랑하고, 하나님을 섬기고 순종하기 위해 창조되었다. 이는 그리스도께서 주신 가장 첫째 되고 위대한 계명인 마음을 다하고 성품을 다하고 힘을 다하여 하나님을 사랑하는 말씀을 통해서 알 수 있다(마 22:37-38).

5) 영적 존재

하나님은 사람을 영혼과 육체를 가진 자로 창조하셨다(창 2:7). 따라서 믿는 자들은 영적인 존재이다. 여기서 영적인 존재할 때는 영과 육이 연합하여 하나의 단일한 유기체를 형성하는 실재를 말한다. 그러나 동성애 된 자들은 하나님을 고의적으로 부인한 결과 "하나님을 알되 하나님으로 영화롭게도 아니하며 감사치도 아니하고 오히려 그 생각이 허망하여지며 미련한 마음이 어두워졌나니 스스로 지혜 있다 하나 우준하게 되어 썩어지지 아니하는 하나님의 영광을 썩어질 사람과 금수와 버러지 형상의 우상으로 바꾸었느니라"(롬 1:21-23) 하나님을 떠난 인간의 마음은 미련하고 어두워졌고, 그 생각은 허망하여졌다. 결국 스스로 하나님이 아닌 동성이 우상이 된 것이며 그 사랑에 빠지게 된 것이다.

존스토트의 동성애 논쟁

당시 사회를 향한 존스토트의 동성애에 대한 분명한 사실 4가지

첫째, 우리는 모두 인간이다. 이 말은 동성애라고 하는 현상이 별개로 존재하는 것이 아니라는 뜻이다. 세상에는 오직 하나님의 형상대로 하나님을 닮게 창조된 인간, 인격을 가진 인간만이 있을 뿐이다. 그러나 그들은 타락으로 인해 영광과 비극의 역설을 안게 되었다. 우리가 동성애를 하는 사람들을 인간 이하인 것처럼 대할 자유는 없다.

둘째, 우리는 모두 성적인 존재다. 인류를 창조하실 때 하나님은 인간을 남자와 여자로 만드셨다. 이 주제는 특별한 민감성을 필요로 한다. 나아가 우리는 성적인 존재일 뿐 아니라 모두가 특정한 성적 성향을 가지고 있다. 1948년 남성의 성적 태도에 대한 킨지 보고서가 출판된 이래로 그의 글은 미국 남성의 10퍼센트가 완전한 동성애자로서 평생을 산다고 밝힌 글로 널리 인용되었다. 그러나 이는 심각하게 잘못 인용된 것이다. 그가 제시한 10퍼센트라고 하는 숫자는 16세와 65세 사이의 남성 중에서 최고 3년까지 주로 동성애자로서 산 경우를 말하고 있는 것이다.

미국 오피니언 리서치 센터(Opinion Research Center)가 1970년에서부터 1990년까지 수행한 네 건의 조사에 따르면 동성애 관계를 한 번이라도 가졌던 남자의 숫자는 6퍼센트였으며, 동성애 생활을 꾸준히 해 온 사람의 숫자는 0.6~0.7퍼센트였다.

셋째, 우리는 모두 죄인이다. 우리는 연약하며 쉽게 유혹을 받는다. 그리스도가 다시 오셔야 우리는 완성이 된다. 또한 무엇보다도 우리는 성적인 죄인들이다. 전적 타락의 교리는 인간의 모든 영역이

죄로 인해 오염되고 왜곡되었다고 주장하는데 성(性) 또한 예외는 아니다.

동성애자들을 향하여 "당신보다는 내가 더 거룩하다"는 식의 도덕적 우월성이라는 끔찍한 태도를 가질 여지는 전혀 없다. 우리 모두가 죄인이기 때문에 우리는 모두 하나님의 심판 아래 놓여 있으며, 우리 모두가 절실히 하나님의 은혜를 필요로 하고 있다.

넷째, 우리가 인간이고 성(性)적 존재이며, 죄를 지은 피조물일 뿐만 아니라 모두 그리스도인일 것이라고 간주한다. 독자는 예수그리스도의 주되심을 거부하는 사람이 아니며, 오히려 그 주되심에 굴복하기를 간절히 원하고 예수님이 주되심을 성경을 통해서 행사하신다고 믿는 사람들이다. 이러한 기준은 모든 사람에게 동일하지만 몇 그리스도인들은 선뜻 받아들이지 못할 것이다.

존파이퍼의 동성애 논쟁

로마인을 향한 사도 바울의 서신 가운데 우리는 사도 바울이 동성애에 대해 언급하고 있다는 놀라운 사실을 발견하게 된다. 1장 24절~28절이 바로 그것이다. 이 구절은 많은 이유에서 동성애의 현실과 직접적인 관련성이 있다. 바로 어제, 동성애 성직자들의 문제를 주제로 한 "히어 아이 스탠드"라는 회의가 ELCA에서 있었다(스타 트리뷴, 1998년 10월 10일). 스타 트리뷴지의 1면에는, 울타리에 묶인 채 폭행을 당해 중상을 입은 와이오밍대학의 한 동성애 학생에 대한 기사가 있었다. 한편, 8월에는 전 세계의 성공회 주교 641명이 영국 캔터버리의 람베스 회의에 모여서, 동성애가 "성경과 모순되는" 관습이라고 투표를 통해 확언하는 일이 있었다.

최근에 USA 투데이, 뉴욕 타임즈, 그리고 워싱턴 포스트에는 850명의 전 동성애자들의 모습을 담은 전면 광고가 실렸다. 이들은 지난여름 엑소더스 회의에 모인 사람들로서, 그리스도 안에 변화를 가능케 하는 능력이 있다고 선포한 자들이다. 그런가 하면, 이곳 미네소타에서는 동성애자의 아동 보호와 입양에 관한 사법 소송이 계속적으로 일어나고 있다. 비록 이런 법적인 문제가 아니더라도 동성애에 대한 크고 작은 주변의 문제가 우리 가운데 일어나고 있다. 가장 가까운 문제로는 바로 우리 교회에 동성애의 욕구를 가진 분들이 있다는 것이다. 그리고 우리 가운데 더 많은 사람들에게는 우리가 아끼는 가족이나 친구 중에 동성애자들이 있다는 사실이다. 이처럼 오늘날 동성애의 현실은 피할 수 없는 것이다. 이 주제는 사도 바울에게 전혀 생소하지 않았으며 우리 또한 생소하게 받아들일 필요가 없다.

오늘날, 이 문제에 대해 한 가지 특이한 점이 있다면, 성경 속에서 동성애 행위의 정당성을 찾고자 노력하는 사람들이 있다는 것이다. 가장 대표적인 예로는, 신약에 기록된 동성애에 대한 경고는 헌신적이고 오래 지속되는 동성애 관계와는 상관이 없고 난잡하거나 미성년자를 동반하는 동성애 관계에만 해당되는 것이라는 주장이다. 이들의 주장에 의하면 전자는 합법적이고 후자는 합법적이지 않은 것이다. 한 학자의 말에 의하면, "신약성경이 반대하는 것은 사람들이 어린 시절부터 가지게 되는 동성애적 성향과는 완전히 다른 것이다." 즉 신약은 우리가 단순히 동성애 성향이라고 말하는 것에 대해 이야기하고 있는 것이 아니라 성적 타락에 대해 이야기하고 있는 것이다.

단순히 동성애 관계를 하는 이성애자들에 대한 비판인가?

성경 본문과 관련하여, 1:26~27절에서 사도 바울은 이성애자들이 그들의 순리를 버리고 그들에게 순리가 아닌 난잡한 동성애 관계를 가진 것에 대해 비판하고 있다고 주장하는 사람들이 있다. 사도 바울은 "여인들도 순리대로 쓸 것을 바꾸어 역리로 쓰며 이와 같이 남자들도 순리대로 여인 쓰기를 버리고 서로 향하여 음욕이 불일듯 하매 남자가 남자로 더불어 부끄러운 일을 행하여"라고 기록했다. 논쟁의 본질인즉 동성애자들이 동성애 관계를 갖는 것은 비정상적인 것이 아니라고 주장하며 이성애자들이 동성애적인 관계를 갖는 것과 (암시적으로) 동성애자들이 이성애적 관계를 갖는 것이 비정상적이라고 주장하게 되는 것이다.

이 성경 구절을 이런 관점으로 해석하게 되면 우리는 적어도 세 가지의 큰 문제에 직면하게 된다. 이 세 가지 문제가 중요한 이유는 이 중에서 마지막 문제가 오늘 로마서 본문에 대한 총체적인 이해에 도움이 되기 때문이다. 첫 번째 문제는 27절에 사도 바울이 "남자들도 순리대로 여인 쓰기를 버리고 서로 향하여 음욕이 불일듯 하매"라고 말한 것이다. 만일 이 남자들이 본성적으로 이성애자들이었고 그들의 본성적인 욕구에 거스르고 있었다면 "서로를 향하여 음욕이 불일듯 하매"라는 표현이 의미하는 것은 무엇일까? 이것은 의미가 매우 강한 문장이다. 본성적으로 이성애자인 사람이 다른 남자에 대한 욕정에 불탈 수 있을까? 그렇지 않다면, 여기서 사도 바울은 동성애적 관계를 가지는 이성애자들에 대해 이야기하고 있는 것이 아니다.

그런가 하면, 남자와 여자에 대해 동일한 욕구를 가지고 있는 양성애자들이 있다. 바울이 설령 양성애자들을 염두하고 본문을 기록했다 할지라도 이러한 해석에는 오류가 있다. 양성애자에게 있어서 남자가 남자에 대해 욕정을 품거나 남자가 여자에 대해 욕정을 품는 것은 모두(이 해석에 의하면) 자연스러운 일일 것이고 바울이 어느 한쪽이라도 비난하는 것은 옳지 않은 일일 것이다. 그러나 사도 바울은 이러한 반순리적인 욕정과 그에 따르는 행위를 비난하고 있다. 따라서 사도 바울이 이성애자들에 의한 동성애적 행위만을 비난한다는 주장은 이치에 맞지 않는 것이다.

두 번째 문제는, 사도 바울이 27절 후반에 "저희 여인들도 순리대로 쓸 것을 바꾸어 역리로 쓰며"라는 부분에 대한 해석이다. '역리'에 대한 헬라어 표현 'ten para phusin'은 당시 헬라 윤리 서적에 쓰인 관용 어구로서, 동성애 행위 그 자체에 대한 표현이지 이성애자들의 동성애 행위를 뜻하지는 않는다. 다시 말해 동성애 행위 자체가 역리하는 것이다. 따라서 바울이 본문에서 주장하는 내용은 본성적으로 이성애자인 사람들이 자연스럽지 않게 동성애 행위를 하는 문제에 대한 것이 아니다. 본문에서 "본성에 반한다"라는 표현은, 그 당시 대부분의 헬레니즘 문헌에 쓰였던 대로, 동성애 그 자체를 의미한다. 그리고 사도 바울은 바로 이것을 역리(반본성적)로 간주하고 있다.

존파이퍼는 다음의 네 가지 사실을 강조한다.

1. 우리가 이성애자이든 동성애자이든 간에, 우리가 직면한 가장 큰 문제는 우리가 하나님의 영광을 눈에 보이는 형상과 맞바꿨다는 것입니다(23절). 우리는 하나님의 진리를 거짓과 바꾸었습니다(25절). 그리고 우리는 하나님을 마음에 두지 않으려 했습니다(28절). 우리에게 있어서 예배드리지 못함보다 심각한 문제는 없습니다. 이 세상이 잘 못 돌아가는 이유는 모두 우리의 예배드리지 못함에서 기원합니다. 우리의 병든 성 정체성을 치료하기 이전에 우리는 하나님

과의 관계를 회복해야만 합니다.

2. 동성애를 통해 가장 두드러지게 나타나는(물론 이것뿐 만은 아닙니다) 우리 삶 속의 성적인 변질은, 하나님의 영광을 다른 것들과 맞바꾼 인류에 대한 하나님의 심판입니다. 때때로 사람들은 질문합니다. "에이즈가 하나님이 동성애에 대해 내리신 심판인가요?" 오늘 본문에 의하면 동성애 자체가 하나님이 인류에게 내리신 심판입니다. 우리가 하나님의 영광을 피조물과 맞바꾸었기 때문입니다. 같은 맥락에서 에이즈뿐만 아니라, 암, 관절염, 알츠하이머병을 비롯한 이 세상의 모든 질병, 고통, 헛됨, 그리고 죽음까지, 이 모든 것이 인간을 향한 하나님의 심판입니다. 로마서 1장 18절에서 볼 수 있는 이 요점은 로마서 5장 15~18절과 8장 20~23절 말씀에서도 볼 수 있는 것입니다.

여기서 우리가 알 수 있는 것은, 예수 그리스도를 믿음으로 인해 의롭게 됨을 입고 하나님의 자녀가 된 자들은 이 고통의 세상에서 건겨지는 것이 아니라 하나님이 인류에게 내리시는 심판을 경험할 은혜를 누린다는 것입니다. 죄와 지옥으로 가는 대신에 거룩함과 천국으로 이르는 자비의 길을 걷게 되는 것입니다.

3. 사도 바울이 이 구절들을 통해 특별히 동성애에 초점을 맞추는 이유는, 동성애가 우리에게 일어날 수 있는 예배의 변질과 성생활의 변질 간의 심오한 관련성을 생생하게 설명해 주기 때문입니다. 감히 형용할 수 없는 것이지만 최대한 간단하게 설명해 보겠습니다.

에베소서 5장 31~32절에서 사도 바울을 통해 우리가 알 수 있는 것은 태초부터 남자와 여자는 하나님과 하나님의 백성 간의 관계,

그리고 더 나아가 예수님과 예수님의 신부, 즉 교회와의 관계를 표현한다는 것입니다. 여기서 남자는 하나님 또는 예수님을 의미하며 예수님이 교회를 사랑하신 것같이 남자는 아내를 사랑해야 합니다. 여자는 하나님의 백성, 즉 교회를 의미합니다. 또한, 결혼의 서약 속에 이루어지는 성적인 결합은 순결하고 흠 없고 강열한 마음의 예배를 의미합니다. 다시 말해, 하나님은 예배의 아름다움이 우리의 성생활의 올바른 질서를 통해 표현되기를 원하십니다.

그러나 그 대신, 우리는 하나님의 영광을 형상, 특히 우리 자신과 바꾸었습니다. 이로 인해 예배의 아름다움은 파괴되고 말았습니다. 그리고 하나님께서는 하나님과 우리의 변질된 관계가 우리의 성관계의 변질로 이어지도록 허락하셨습니다. 마음의 예배를 통한 우리와 하나님 간의 올바른 관계가 결혼 언약 안에서 이성애적인 결합으로 표현되듯이, 하나님과의 관계에 대한 변질은 이성애적 결함의 붕괴로 표현됩니다.

동성애는 그러한 붕괴의 가장 극한 형태입니다. 언약의 예배 가운데 있는 하나님과 인간의 관계는 성적인 결합 가운데 있는 남자와 여자의 관계에 비유될 수 있습니다. 따라서 인간이 하나님으로부터 돌아서서 그들 자신의 형상을 구할 때, 하나님은 우리가 선택한 것을 우리에게 허락하시며, 이로 인해 남자는 남자의 형상을 구하고 여자는 여자의 형상을 구하면서 동성과 성적인 결합을 하게 되는 것입니다. 동성애는 우리가 하나님의 영광을 우리 자신의 형상과 맞바꾼 것을 극화한 하나님의 심판입니다.(25절과 26절에서 사용된 같은 의미의 "맞바꿈"을 보십시오)

4. 이제 마치는 말씀을 드리겠습니다. 모든 영혼의 치유가 그러하 듯이, 동성애자의 영혼을 치유하는 데에 있어서 궁극적인 목표는 하 나님의 영광이 우리 마음 가운데 올바른 자리로 돌아오도록 하는 것 입니다.

토론

① 로마서 1장 24~32를 읽고 느낀점을 본문의 내용을 중심으로 적어보 시오.

② 위 성경말씀에 기초하여 "동성애"에 대한 본인의 느낌을 적어보시오.

제12강 한국 기독교 정신 교육 "복음과 선교"

교회라는 단어는 구약에서는 카할(qahal) 이것은 '회중' 혹은 '집회'라는 뜻으로 '불러 모으다'라는 뜻의 동사에서 유래되었다. "이스라엘의 총회"(신 31:30), "여호와의 총회"(민 16:3) 이 단어는 주로 "회중" 또는 "집회"(시 7:7)로 쓰였다. 즉 특별히 지명하여 모인 집단을 의미한다. 신약에서는 어원 쉬나고개(synagogue) 이것은 '함께 인도하다'이다. 이는 신약 '교회', 즉 '회당'을 지칭하는 단어로 초대교회 형성의 교두보가 된다. 둘째는 에클레시아(ekklesia)이다. 이는 "밖으로 불러내다" 이는 예수를 구주로 믿어 고백하는 자들의 모임(마 16:5)을 가리킨다. 그러나 후에 바울은 교회를 그리스도를 머리로 하는 믿는 개개인을 의미하며 "거룩한 성전"으로 묘사하고 있다. 이는 곧 유기적 연합을 의미하는 것이다(고전 12:27, 엡 1:22-23). 그러나 교회를 가장 잘 표현한 성경의 표현으로는 "주의 집"(The house of the Lord) 또는 "만민이 기도하는 집"(The house of the prayer)이다. 이처럼 교회의 어원은 변해 왔다. 이처럼 복음을 전하는 자들을 향한 호칭 역시 과정이 있다.

1. 권서인 매서인(賣書人)

"복음은 반드시 전하는 과정을 통해서 믿음을 가지게 한다." 초기 한국 교회가 형성되는 과정에는 선교사들의 수고와 함께 보이지 않게 큰일을 한 사람들이 있었다. 그들을 일컬어서 당시의 사람들은 권서인 혹은 매서인이라고 했다. 즉 매서인이라 함은? 각처로 돌아다니면서 전도하고 성경책을 파는 사람을 일컫는 말이다. "그들은 전도 책자와 성경을 등에 지고, 삼천리 방방곡곡을 걸어서 전도하는 일을 했다. 기독교가 성장 발전한 것은 선배 신앙인들의 피와 땀의 노력과 결실이라 할 수 있다."

선교사들에 의하여 복음이 전해진 것은 사실이지만, 누구에 의해 한반도에 기독교가 최초로 전해졌는지는 정확히 알 수 없지만 조선 땅에 복음이 전해 들어온 이후 많은 사람들(권서인, 매서인)의 노력이 있었다.

2. 매서인들의 성경보급

1907년 평양 대부흥을 기념하는 2007년 "따라 따라 예수 따라 가네"의 선교일지가 있다. 그러나 그 이전 최초의 한글성경 1882년 간행된 한글성경 「예수 셩교 누가복음」. 개정 그리스어성경을 기초로 했다. 서북 방언으로 번역이 시작됐고 1882년부터 서울 출신 학자들이 참여한 것으로 알려져 있다. 이응찬과 백홍준, 서상륜 등이 주도적으로 번역했다.

1885년 4월 언더우드와 아펜젤러 목사가 인천 제물포에 첫발을 내디뎠다. 상주(常駐) 선교사로 파송된 것. 아펜젤러 목사는 부인의 건강 때문에 곧 돌아갔다. 하지만 독신인 언더우드 목사는 서울로 향했다. 마음속에는 이 복음의 불모지를 갈아 씨를 뿌려야 한다는 사명감과 기대가 가득 차 있었다. 그런데 서울로 들어선 언더우드 목사는 깜짝 놀랐다. 이미 한글로 번역된 누가복음과 요한복음이 사람들에게 널리 읽히고 있기 때문이었다. 자신도 입국하기 전 우리말로 번역된 마가복음을 한국인으로부터 전해받아 놀라고 있던 터였다. 선교사들에 의해 전도가 시작되기 전 피선교국의 언어로 성경이 번역된 사례는 선교역사에서 매우 드문 일이다. 언더우드가 입국 2년 뒤 첫 교회를 조직할 때도 그 구성원은 이미 서울에 있던 신앙공동체 사람들이 대부분이었다. 언더우드 목사는 "씨를 뿌려야 할 때 이미 열매를 거두고 있다"고 본국에 보고했다.

3. 백홍준, 이응찬

1879년 만주. 이름이 알려지지 않은 한 성경번역자가 세례를 받은데 이어 백홍준과 이응찬, 그리고 이름을 알 수 없는 이응찬의 친척이 거의 같은 시기에 스코틀랜드 연합장로교회 소속 존 매킨타이어 선교사에게 세례를 받았다. 백홍준은 도(道)를 배울 목적으로 스스로 로스 목사를 찾아가 세례 전 3, 4개월 동안이나 성경을 배웠다. 이응찬은 1876년부터 존 로스 목사의 어학(語學) 선생으로 활동하다 수세(受洗)를 결심했다.

4. 매킨타이어 선교사

성경번역에 참여했던 이들은 이미 1880년 신앙공동체를 이뤘던 것으로 보인다. 매킨타이어 선교사의 1880년 보고서에 따르면 1879년 10월 이전에 8명 이상이 모이는 한국인 저녁 집회가 있었다. 이 집회는 한국인이 주관했다. 매킨타이어 선교사는 이 집회의 방청인에 불과했다.

5. 서상륜

서상륜. 권서인으로서 한국에 성서 배포의 뿌리를 심었다는 평가를 받고 있다.

1882년에는 성경인쇄 실무를 맡았던 김청송과 상인으로 만주에 왔다가 매킨타이어 선교사의 도움으로 목숨을 건진 서상륜이 로스 목사에게 세례를 받았다. 이때쯤 성경번역도 마무리됐다. 1879년 신약성서 로마서까지의 원고가 마련됐고 1882년 「예수 셩교 누가복음」과 요한복음을 인쇄하기 이르렀다. 성경 인쇄가 성공적으로 끝나자 로스 목사는 첫 수세자들을 파송했다. 1882년 김청송이 서간도 지역에 파송된 데 이어 서상륜이 대영성서공회 최초의 한국 권서인 자격으로 서울 지역에 파송됐다. 김청송은 중국 즙안(輯安)을 중심으로 활동해 수십 명의 개종자를 얻었다. 존 로스 목사의 보고서에 따르면 1884년 말 수세자 1백 명, 남자 세례 요청자들이 6백여 명에 이르렀다. 집안의 가정교회들은 1885년 중국인 지주에 의한 한인마을 해산사건으로 한반도 북부 지역의 압록강 인근 산간으로 돌아와 가정교회 형태의 신앙공동체를 이뤘다.

김청송과는 달리 서상륜은 한반도의 중심 서울로 향했다. 서상륜은 서울로 오면서 3개월 동안 의주와 황해도 지역에서 전도했다. 1883년 초 서울에 도착한 서상륜은 서울 남대문 안쪽에 거처를 정하고 활동해 여러 명의 개종자를 얻었다. 서상륜은 중국의 로스 목사에게 편지를 보내 서울에 와서 13명의 개종자들에게 세례줄 것을 요청했다. 그러나 로스 목사의 입국은 정치적 상황 때문에 불가능했다. 결국 이들은 1885년 언더우드 목사로부터 세례를 받았다.

6. 이수정

1883년 서울과 북부 지방에서 전도가 진행되고 있을 때 일본에서도 세례를 받는 사람이 나타났다. 이수정. 민비를 구출한 공로를 인정받아 박영효의 수신사 일행에 포함돼 일본유학을 가게 된 인물이다. 그는 1883년 5월 도쿄에서 열린 "전국기독교도 대친목회"에 참석, 우리말로 기도하고 한문으로 된 신앙고백서를 발표하기도 했다.

이수정은 미국성서공회의 지원을 받아 1884년 한문성경에 토를 붙인 4복음서와 사도행전을, 1885년 한글로 마가복음서를 번역했다. 언더우드 목사가 1885년 4월 제물포항에 내릴 때 손에 들고 있던 성경이 바로 이수정이 번역한 마가복음이었다. 그는 또 도쿄에서 유학생을 중심으로 신앙공동체를 조직했다. 미국 선교사 헨리 루미스의 1883년 보고서에 따르면 이때 12명 이상의 개종자가 있었고, 주일학교도 시작됐다. 그러나 만주의 기독교인들과 달리 일본의 기독교인들의 신앙은 지속되지 못한 듯하다.

7. 선교사 의존보다 우리나라 사람에 의존

한국 선교는 서양 선교사가 아니라 우리나라 사람에 의해 먼저 진행됐다. 이를 바탕으로 교회도 우리나라 사람에 의해 시작됐다. 일부 교회사학자들은 1885년을 선교 시점(始點)으로 잡는 데 이견을 갖고 있다. 이때가 첫 조직교회가 생긴 때도 아니고 서양 선교사가 우리나라에 첫발을 내디딘 때도 아니기 때문이다. 1832년 고대도에 '첫발을 디뎠던' 귀츨라프 목사나 1866년 평양 대동강변의 토마스 목사, 1884년에 들어온 '상주 의료선교사' 알렌 등이 모두 1885년보다 앞서기 때문이다. 1885년을 선교의 시작으로 보기 힘든 이유는 이때보다 연대적으로 앞선 '밖으로부터의 선교' 행적이 있기 때문만은 아니다. 우리 민족이 '안에서부터 받아들인 선교'의 자국이 너무 뚜렷하기 때문이다. 만주에서 첫 세례자가 있던 때나 소래에서 첫 신앙공동체(교회)가 세워진 때를 시작으로 보는 것이 옳다고 보는 견해가 높다.

8. 첫 신앙공동체 소래교회

1884년 황해도 장연군 대구면 송천리에서 시작된 우리나라 최초의 신앙공동체 소래교회. 서경조의 사랑채에서 모이다가 자리가 부족해지자 1895년 6월 일자형 기와예배당을 지어, 7월 3일 봉헌했다.

1884년 인천 해관(海關·세관)이 발칵 뒤집혔다. 중국 상하이(上海)~제물포를 오가는 기선에 수취인 미상의 금서(禁書), 한글복음서와 교리서가 가득 들어 있었기 때문이다. 해관 관리들은 그 문서의 수취인을 색출해야 한다며 법석을 떨었다. 금서를 받을 사람이 국내에 잠입했다는 확신 때문이었다. 이때 해관 고문인 독일인 묄렌도르프에게 한 장의 편지가 도착됐다. "받은 성서와 책들을 서상륜에게 전해 주시오"

독실한 기독교신자였던 부인이 마침 편지의 내용을 보게 됐고 남편에게 사건이 확대되지 않도록 해달라고 부탁했다. 묄렌도르프 부인의 부탁으로 이 사건은 더 이상 크게 확대되지 않았고 책은 서상륜에게 몰래 전달됐다.

이미 1883년 서울에 들어온 서상륜은 전도에 힘써 13명의 개종자를 얻은 상태였다. 서상륜은 책을 받아들고 동생 경조(상우)를 떠올렸다. 그리고 고향인 의주에서 황해도 장연군 대구면 송천리(松泉里·소래)로 이주한 그의 동생 경조를 서울로 불러들였다.

9. 서경조

형에게서 신약전서와 덕혜입문(교리서) 등의 책을 받은 서경조는 집에 돌아와 신약을 천천히 읽어 나갔다. 두세 차례 읽었지만 그 내용을 알 수 없었다. 하지만 서경조는 이 책 속에 기이한 술법이 숨겨져 있으리라고 믿고 여러 번 다시 읽었다. 마침내 신약이 말하는 뜻을 알게 됐고 기이한 술법을 얻어 보려던 마음은 없어졌다. '예수교'에 깊이 빠져들기 시작한 것이다. 동시에 서경조는 갈등하게 됐다. 예수교를 믿으면 죽게 될 것이라는 생각 때문이었다. 그는 반년 동안 갈등했다. 그러다가 로마서를 읽게 됐다. 이어 바울이 죽음을 두려워하지 않는 마음을 가졌던 것을 알게 됐다. 결국 서경조는 모든 것을 하나님의 뜻에 맡기고 전도를 시작했다. 그리고 몇몇 동네 사람들과 친척들을 모아 함께 예배드리기 시작했다. 첫 교회가 시작된 것이다. 로스 목사의 1885년 보고서에 따르면 당시 송천에는 20명의 세례 지원자가 있었다. 또 서울에 70명, 의주에는 18명이 각각 세례를 받고자 했다. 그 무렵 의주에서도 예배처소가 생겼다. 서경조는 1887년 1월 서울에서 언더우드에게 세례를 받았다. 그 후 그는 성직자의 길을 결심, 한국장로교회 최초의 목사 7인 가운데 한 사람으로 자리매김하게 됐다.

10. 견미사절단

민초(民草)들을 중심으로 전도가 이뤄지면서 성서를 읽고 개종하는 사람들이 늘어날 무렵의 국내 정국은 매우 어수선했다. 1882년 5월 한 · 미수호통상조약이 체결되었고 독일, 이탈리아, 영국, 러시아 등과 차례로 개방조약을 맺었다. 한 · 미조약에 따라 미국은 1883년 초대 주한전권공사 푸트를 파견했고 우리나라는 6월 민영익을 단장으로 하는 견미사절단을 파송했다. 견미사절단은 미국 순방 중 미국 감리회의 가우처 목사를 만나고 가우처 목사는 이를 계기로 일본의 매클레이 선교사에게 한국 선교의 가능성을 타진해 보도록 부탁했다. 당시 우리나라는 대문 빗장을 풀어놓긴 했지만 선교의 문까지 열진 않았다.

한편 신사유람단의 일원으로 일본에서 유학 중이던 이수정은 미국 장로교회 녹스 선교사에게 세례를 받고 개종한 후 일본에서 활발한 전도활동을 벌이고 있었다. 1883년 말에는 미국 교회에 편지를 보내 선교사를 파송해 달라고 청원하기까지 했다. 이 내용이 1884년 초 미국 교계 간행물에 소개됐고 이를 계기로 미국 교회는 한국 선교에 관심을 갖고 준비하기 시작했다. 그리고 한국 선교를 자원한 의료선교사 헤론을 일본으로 보내 한국어를 배우도록 했다. 알렌이 제의해 1885년 세워진 첫 서양식병원 광혜원(위 왼쪽)과 현재의 세브란스병원 가우처 목사의 편지를 받은 매클레이 선교사는 일본에서 몇 번 만난 김옥균의 주선으로 1884년 6월 24일 서울에 도착했다. 김옥균은 기독교를 처음 접했을 때는 탐탁치 않게 여겼었다. 그러나 세 차례 일본을 방문하면서 기독교에 대해 좀 더 구체적으로 알게 됐고 자신의 정치적 행보에 도움이 될 것이라는 생각을 했다. 매클레이 선교사의 방한을 선뜻 주선한 것도 그런 이유에서였다.

우리나라에 도착한 매클레이 선교사는 김옥균을 통해 고종에게 선교에 관한 청원서를 냈다. 그러나 직접적인 선교보다는 병원과 학교 사업을 벌이겠다는 내용이었다. 그리고 7월 3일 고종이 한국에서 병원과 학교 사업을 할 수 있도록 윤허했다는 소식을 듣게 된다. 매클레이 선교사는 잠시 서울에 머물면서 선교사가 거주하고 일할 수 있는 선교부 대지를 물색, 주한미국공사 푸트에게 공사관 인근 언덕을 매입해 달라고 부탁하고 서울을 떠났다.

한편 매클레이 선교사가 내한해 고종에게 선교에 관한 청원서를 내기 직전인 6월 8일, 중국 상하이에 있던 의료선교사 알렌은 미국 북장로회 선교본부에 전보를 보내 한국으로 가겠다고 밝혔다. 중국에서 1년간 활동을 벌였으나 그 결과가 신통치 않아서였다. 그렇게 해서 일본에서 한국 선교를 준비하고 있던 의료선교사 헤론이 있었지만 미 장로교회는 알렌의 한국 입국을 허락한다. 알렌은 1884년 9월 20일 제물포에 외국 공관원들의 공의(公醫) 신분으로 도착했다. 선교사임을 밝히지 못했던 것이다. 미국공사 푸트는 알렌을 매클레이 선교사가 부탁했던 집에 기거하도록 했다. 알렌은 집에서 예배를 드리며 때를 기다리고 있었다.

11. 김옥균, 박영호

그해 12월 4일 우정국 개국 축하연이 열렸다. 김옥균, 박영효, 서재필 등의 개혁파는 이날 보수파의 중심세력을 모두 살해하기로 결정하고 거사를 단행했다. 보수파 민영익에게 중상을 입히고 고종을 이어(移御)해 개혁을 선언하는 등 뜻한 대로 성공을 거두는 듯했지만 청나라의 개입으로 실패하고 말았다. 그런데 민영익의 부상은 알렌에게 기회로 작용했다.

알렌은 밤중에 급히 호출됐다. 왕비의 오빠 민영익의 중상을 한의학으로는 해결할 수 없었던 것이다. 알렌은 최선을 다해 민영익을 살렸다. 3개월 동안 매일 세 차례 왕진하며 치료한 결과였다. 알렌은 이를 계기로 왕실의 신임을 얻고 자신감을 회복하여 1885년 광혜원 설립을 요청한다. 광혜원은 세브란스병원과 연세대학교의 모체가 된다.

1884년 우리나라 선교의 행보는 무척 바빴다. 미국 선교사들은 한국에서 선교를 모색하고 첫 상주(常駐) 의료선교사를 파송, 전도할 기회를 엿보고 있었다. 그리고 이 나라의 민초들은 이미 성서를 읽고 개종, 신앙공동체를 이루고 예배를 드렸다. 초기 신앙의 선배들은 목숨을 걸고 성서를 읽었으며 죽을 각오로 전도했다.

느낀 점을 나누어 보시오

1. 오늘 나에게 전해진 성경의 고귀함을 느끼게 되는지요?
2. 오늘 나는 믿음의 선배들에게 깊은 감사를 드리는지요?

제13강 한국 기독교 정신 교육 "복음과 순교"

초대 기독교 역사를 알려면 로마의 '카타콤 지하 동굴'을 공부하듯 한국 초기 기독교 역사는 '절두산과 양화진'에서 그 발자취를 찾아볼 수 있다. 한국 기독교 역사를 공부해 보면 크리스천 25%의 천만 명을 헤아리는 초대교회사는 많은 외국 선교사들의 순교의 피가 있었다. 한국 초기 외국 선교사들의 순교의 열매로 한국은 아시아 대륙 26억의 인구 중 4천만을 기록하는 크리스천 수효의 4분의 1이 되었다.

1. 카타콤베란?

그리스도 교도들이 숨어 지냈던 지하무덤 카타콤베(Catacombe) 로마인의 지하 무덤으로 기독교 공인 전에 그리스도 교도들이 박해를 피해 숨어 지내던 지하 교회나 무덤을 카타콤베라고 부른다. 이 장소는 16-19C에 걸쳐 재발견되었으며, 귀족 가문의 소유였던 지하 매장실로부터 여러 층으로 된 긴 복도로 이루어져 있다. 여러 카타콤베 중 로마 부근의 것은 지하통로의 길이가 500km 이상 되기도 하며, 또한 카타콤베에는 원시 기독교 예술의 귀중한 재산이 되고 있는 조각, 그림, 형상들이 새겨져 있으며, 아피아 거리에 있는 성 칼리스토의 카타콤베가 가장 유명하다.

카타콤베는 초대(3세기 이전) 때 그리스도인의 지하매장소로서 숨어서 살기도 하고 예배도 드리고 한쪽엔 유골도 두는 곳이었으며,

핍박이 심하던 로마에 가장 많고 수리아, 알렉산드리아, 시칠리아, 스페인에도 있습니다. 규모가 큰 것은 로마에 있는 것으로 현재 알려진 것은 35개 정도이며, 로마의 유골은 8세기 이후 다른 곳에 이장되고 지금은 관광지로 되어 있습니다. 기독교 역사가 보여주듯 초기 기독교는 많은 박해와 핍박이 있었다. 초기 기독교인들은 자기들의 신분을 감추기보다는 순교를 감사함으로 받아들였습니다. 그 결과 전 세계의 복음화가 주님의 명령을 따르는 것이다.

2. 양화진이란?

양화진이란? 선교사의 무덤이 자리를 잡기 훨씬 전에 프랑스 극동함대 사령관 로즈 제독이 전함을 세척이나 몰고 쳐들어 왔던 일이 있었는데, 그 사건을 '병인양요'라고 외치며 조선 정벌을 외치고 호기 있게 배를 띄웠던 나폴레옹 3세 치하의 프랑스 제국 위신을 통쾌하게 짓밟아 주었다고 하지만, 이 사건이 8천여 명 가톨릭 신자들의 목숨을 빼앗은 병인교난에서 비롯된 것이라는 것은 단순한 사건만은 아니라는 것이다. 병인양요가 1866년 9월의 일이었으니, 양화진은 많은 순교자의 피를 흘리며 알려지게 된 강 언덕의 이름이 된 것이다. 이 묘지가 처음 조성된 것은 1885년 6월 미국 장로교의 의료선교사(醫療宣敎師)로 한국에 와서 활동하던 J. W. 헤론(1856~1890, 한국명 蕙論)이 1890년 전염성 이질로 사망하자 그의 묘지를 마련하는 과정에서였는데, 당시 서울의 외국인들은 한강변에 가까운 양화진을 외국인의 공동묘지로 불하해 줄 것을 정부에 요청하였고, 우여곡절 끝에 허락을 받았다. 이후 이곳은 한국을 사랑하고 이 땅에 묻히기를 원한 외국인들의 안식처가 되었다. 한말과 일제강점기 및 6·25 전쟁을 거치는 동안에 이 묘지는 많은 어려움을 겪었다. 초기에 황

폐하였던 묘지는 주한(駐韓) 외국인들의 모금운동으로 새롭게 가꾸
어졌지만, 일제가 한국을 강점하면서 외면당하였으며, 6·25전쟁 때
에는 이 부근이 격전지로 변하는 바람에 묘지석에는 총탄 자국이 남
아 있고, 일부 글자는 판독이 불가능할 정도가 되었다. 현재 이곳에
는 450여 명의 유해가 묻혀 있는데, 그 가운데에는 연세대학을 세운
H. G. 언더우드의 부인 L. S. 홀튼 여사와 그 아들 원한경(元漢慶)
박사 부부, 배재학당(培材學堂)을 세운 H. G. 아펜젤러 2세(배재학
당 제5대 교장)와 딸 A. 아펜젤러(이화여전 초대교장), 제중원(濟衆
院)과 기독교서회(基督敎書會)를 세운 J. W. 헤론과 평양 선교(宣
敎)의 개척자 W. J. 홀 및 그의 부인으로 한국에 처음으로 맹인학교
를 세우고 경성여자의학전문학교를 세운 L. S. 홀, 숭실대학 설립자
W. M. 베어드(1862~1931, 한국명 裵偉良)의 묘도 있다.

　그리고 1992년에는 홀의 아들이자 한국에 결핵요양원을 처음 세운
S. 홀이 이곳에 묻혔다. 이 밖에 한말 언론활동을 한 베셀(한국명 裵
說), 한국의 독립을 위해 외교활동을 벌인 헐버트의 묘도 있다. * 이
처럼 한국 선교(200년(구교), 100년(신교)) 역시 박해와 핍박으로
얼룩진 역사를 가지고 있습니다. 오늘날 25%의 기독교는 우연의 산
물이 아니다. 이는 "피흘림이 없이는 사함이 없다"는 주님의 말씀을
입증한 것이다.

3. 한국 초기 선교의 방향성

　한국 초대 선교는 매우 미약하였기에 외국 선교사들이 이 땅에 들
어와 교회, 학교, 병원 선교 등을 통하여 한국 초대 선교의 첫 장의
문을 열어주었다. 우리가 잘 아는 언더우드 목사님은 1887년 9월 27
일 정동 13번지에 본가의 사랑채를 예배 처소로 정하였으며 첫 예배

에 14명이 참석하였으며, 감리교의 아펜셀러 선교사님은 배재학당을,
스크랜튼 부인은 이화학당 등 학원의 복음화와 계몽운동을 통하여
민족의 지도자가 많이 배출되었다. 또한 언더우드 목사님의 고아원
사역으로 말미암아 한국 땅에 교회가 생기고 부흥 한국을 맞이하게
된 것이다.

4. 한국 초기 선교사들이 주는 영향력

한국 선교 역사가 어느덧 100년이 흘렀다. 1984년은 단 일 년의
더함도 없이 구교(천주교) 선교 200주년과 신교(개신교) 선교 100주
년을 맞은 해입니다. 양화진 묘비에 적혀 있는 내용 중 몇 가지를
소개하고자 한다.

"하나님의 아들이 나를 사랑하시고, 나를 위하여 자신을 주셨
다"(J. W. 헤론)

"나는 웨스트민스터 사원에 묻히기보다 한국에 묻히기를 원하노
라"(H. B. 헐버트)

"항상 기뻐하라 쉬지 말고 기도하라 범사에 감사하라"(J. D. 언더
우드)

"나에게 천의 생명이 주어진다 해도 그 모두를 한국에 바치리
라"(R. R. 켄드릭)

5. 한국 선교를 위해 피 흘린 선교사들께 감사

외국 선교사들이 한국 땅에 묻혀 있는 묘소의 숫자는 다음과 같다:

"4백 기 중에 미국이 2백30, 영국 30, 프랑스 25, 덴마크 3, 호주
12, 벨기에 4, 러시아 54, 캐나다 7, 일본 1, 스페인 4, 국적을 달리한
묘소들이 한자리에 모여 있습니다."(정연희, 양화진)

〈특강〉 조만식 장로

주기철 목사님과 조만식 장로님, 이기풍 목사님은 순교자다. 순교자란 어떤 자들인지 나누어 보기 바란다.

순교는 헬라어 '마루투스 *martyrium*' 예수님의 '증인'들인 사도들에게 해당하는 단어이다. 그 이유는, 예수의 이름으로 천국 복음을 전하다 죽음당함을 마땅히 여겼으며 이는 곧 '의'를 위하여 일하다 고난당하는 것은 당연하고 필수적인 일이라고 믿었기 때문이다. 마찬가지로 한국 초기 기독교 역사는 '의를 위하여 핍박'을 받았음에도 많은 믿음의 선배들은 죽음 앞에서도 주님을 부인하지 않고 죽음을 받아들였다. 하나님의 구원 섭리를 위해 일하다가 박해를 당하는 자는 하나님의 다스림을 받아 행복하게 될 것이라는 것을 믿었기 때문에 그들은 죽음까지도 두려워하지 아니하고 복음을 위하여 일했던 것이다.

● **그분의 정신**

"애국 애족하는 길에 언제 죽을지 모르지만 내가 죽은 뒤에 비문은 쓰지 마라. 그 대신 큰 눈을 두 개 새겨다오. 한 눈으로는 일본이 망하는 것을 보고, 한 눈으로는 조국의 자주독립을 지켜보리라." 유언처럼 남겨진 이 유명한 말은 신앙과 사상을 요약한 것이다.

후일 그의 제자인 시인 김소월은 스승 고당을 회상하면서 "고당은 예배 시간마다, 첫째는 사람을 사랑하고 겨레를 사랑하라. 둘째는 옳은 사람이 되어라. 그러자면 예수를 믿어야 한다. 셋째는 학문을 잘해서 남에게 뒤지지 말라고 힘주어 말씀하시곤 했다"고 진술하고 있다.

1919년 그는 만세운동으로 일경에 체포되어 2년 동안의 첫 옥중생활을 하게 된다. 그러나 신변의 위험과 구속의 살벌한 분위기 속에서도 고당은 계속 평양에 눌러앉아 YMCA 총무로 활동하면서 민족의 살길은 하나님을 믿는 기독교 신앙에 의해서만 가능하다고 믿고 이 기독교 신앙을 바탕으로 나라를 위해 희생할 수 있는 민족정신과 올바른 사상을 키울 수 있다고 갈파하였다.

1940년 중일전쟁이 태평양 전쟁으로 확대되면서 일본은 창씨개명, 징병 및 황국신민화 정책을 앞세워 고당을 온갖 협박과 유혹으로 꾀이려 했습니다. 그러나 그는 이를 단호히 거절하였다.

해방 이후에도 민주당을 창당하여 그 당수가 되었으며, 모스크바 3상회의에서 결정한 한국신탁 통치안을 거부, 불복함으로 고난과 시련을 받기도 하였습니다. 소련군 사령부는 김일성과 집총한 소련군 장교의 포위 속에서 신탁통치지지를 토의하고자 제의하였다. 이 죽음의 위협 앞에서 하나님의 의와 예수님의 복음 선언을 묵상하였다.

"몸은 죽여도 혼은 죽일 수 없는 자들을 두려워 말라……" 고당의 가슴에는 민족의 십자가를 지고 가는 피맺힌 절규가 있었습니다. "총칼에 겁낼 조만식인 줄 아느냐? 총칼이 아니라 대포를 갖다 대도 무서워할 조만식이 아니야! 무서워할 것 없다." 고당은 자리를 박차고 나왔다.

그는 일생 동안 오산, 숭실, 숭인 등의 교육사업은 물론 조선일보를 비롯한 물산장려의 민족사업, 그리고 민족문화를 농촌문화권까지 확대하여 나라의 살길을 파헤쳐 나가려는 것은 이루 헤아릴 수 없이 많다.

민족운동의 큰 별, 고당 조만식, 그의 삶은 언제나 자기 곁에 두고 묵상한 말씀과 하나님께 모든 것을 의탁하는 경건한 기도, 그리고 사랑의 실천과 헌신으로 승화된 삶이었다.

* 조만식 장로님은 민족의 살길은 오직 예수님에게 있음을 강조하
  였습니다.
* 조만식 장로님은 민족정신. 즉 겨레 사랑을 외치었습니다.
* 조만식 장로님의 신앙을 보면 "타협은 순교의 반대임을 가르쳐
  줍니다"

〈특강〉 순교) "주기철"

민족정신의 선구자

한국 초기 기독교의 순교자 "주기철"

연 도	성장 과정 및 체험	사 역
1897년 11월 25일		주기철 목사님은 4남 3녀 중 넷째 아들로 태어났다
1916	오산학교 졸업 뒤 그해 4월 연희 전문학교 상과에 진학하였다	웅천교회 집사로 봉사하며 교남학교에서 교편을 잡다
1920	김익두 목사 부흥회 참석 성령 체험을 하다	1922년 3월 평양 장로신학교 신학교에 입학하다
1925		12월 부산 초량교회 위임목사로 부임
1936	신사참배 반대 의결이 이루어짐	산정현 교회로 부임해 갔는데 신사참배 거부함
1938 - 1944		5차례 동안 5년 4개월간의 투옥 생활함
1944년 4월 21일		오후 9시 49세에 옥중에서 순교하심

주기철 목사님은 신사참배가 하나님 말씀에 어긋난다고 끝까지 저항하시다 고문을 당하게 되셨으며 그 결과로 건강이 악화되어 죽음을 맞이한다: 목사님이 겪으신 고난으로 많은 병명을 갖게 된다.

1. 몽둥이로 매맞기
2. 채찍질
3. 거꾸로 매달려 고춧가루 뿌리기
4. 쇠못 밟기

5. 안질과 폐병

6. 심장병이 생김

7. 옥중에서 순교하심

주기철 목사님의 설교 나누기

1. 사망의 권세를 이기게 하옵소서
나의 사랑하는 교우 여러분. 그리스도인은 살아도 그리스도인답게 살고 죽어도 그리스도인답게 죽읍시다. 죽음을 무서워 예수를 저버리지 맙시다.
2. 오랜 고난을 견디게 하여 주옵소서
이제 받는 고난과 장차 받을 영광을 비교하면 족히 비교할 수 없으리로다. 이제 받은 고난은 오래야 70년 80년이지만 장차 받을 영광은 천년만년 영원무궁합니다.
3. 내 어머니 내 아내 내 자식들을 부탁합니다.
나는 가나. 산 정현 양떼들은 어찌 하리이까 이때 사모님 오정모 집사님은 "염려하지 마십시오" "그러면 안심하겠소" "어머님을 많이 위로해 드리시오"
4. 예수와 같이 죽고 예수와 같이 삽시다.
나의 사랑하는 교우 여러분. 의에 죽고 의에 삽시다. 의를 버리고 예수님을 향한 의를 버리고 산다는 것은 개짐승만도 못합니다.
5. 오! 주님 예수여! 내 영혼을 주님께 부탁하나이다.
하나님의 집은 나의 집, 하나님의 나라는 나의 영원한 고향집이 됩니다. 더러운 땅을 밟던 내발을 씻겨서 하늘나라 황금 길을 걷게 하옵시고 죄악 세상에서 죄로 물든 내 영혼을 깨끗케 하셔서 하나님 존전에 부끄럼 없이 서게 하여 주시옵소서

주기철 그는 누구인가?

주기철 목사는 1897년 11월 25일 경남 창원군 웅천면 북부리에서 주현성(朱炫聲) 씨의 4남 3녀 중 4남으로 태어났다. 그의 부친은 일

찍이 기독교인이 되었으며 후에 웅천교회 장로가 되었다.

1913년 평북 정주의 오산학교에 입학하여 이승훈, 조만식, 이광수 등에게 교육을 받았으며, 1915년 세례를 받고 본격적인 신앙생활을 하기 시작했다.

20살이 되던 1917년에는 연희전문학교 상과를 지망하여 학업에 힘쓰던 중 안질환으로 학업을 중단하고 고향으로 내려가 그곳에서 청년 운동과 교회의 집사로서 열심히 충성하였다. 그러던 중에 김익두 목사의 마산 집회에서 성직에 대한 소명을 받게 되어 1921년 12월에 경남노회 의천서를 받아 이듬해에 평양신학교에 입학하였다.

1925년 평양신학교를 졸업하면서 1931년까지 부산 초량교회 위임 목사로 시무하던 중에 일제의 신사참배 문제를 단호하게 거절해야 된다는 안을 노회에 제출하여 투쟁을 선언하기에 이른다. 그 후 경남 마산 문창교회를 거쳐 1936년 7월 산정현교회로 부임하였다. 부임 후 새 성전 건축을 시작하여 1년여 만에 아름다운 성전을 봉헌하게 된다. 그러나 당시 신사참배를 가결했던 김일선 목사의 평양신학교 졸업기념 식수를 한 신학생이 찍어버린 사건이 구실이 되어 예배 직전에 검속되었다가 곧 풀려났다.

그러나 일제 당국은 1938년 9월에 있을 조선 예수교장로회 총회에서 신사참배 찬성 결의를 강제하기 위해 강경한 반대자였던 그를 7월에 다시 예비 검속하였다가 신사참배를 가결시킨 후 석방시켰다.

그 후 1939년 7월에 다시 의성 농우회 사건에 연루되어 3차로 의성경찰서로 연행되어 7개월간 구금되어 다음해 2월 석방되었다. 석방된 후 평양의 산정현교회로 돌아와 "5가지의 나의 기도"란 제목하에 그의 유언적 결사각오의 설교를 하며 마지막을 준비했다.

목사파면의 위협 속에서도 굴하지 않고 강단을 지키다가 1939년 9

월 4차로 검속되었다. 그해 12월 19일 평양 임시노회에서는 주 목사를 목사직에서 파면 처분결의 하였고 1940년 3월 24일, 평양 산정현 교회당이 완전히 폐쇄당하고 가족들은 목사관 사택에서 추방하였다.

주 목사는 지병인 안질환의 악화와 폐와 심장병이 겹쳐 모진 고문과 함께 고통을 겪는 중 1942년에는 평양형무소로 이감되었고 그 후 삼 년 뒤인 1944년 4월 13일에 병감으로 이감되었으며 한 주일 후인 4월 21일 밤 9시에 평양 형무소 병감에서 순교하였다.

〈특강〉 순교) "이기풍"목사와 제주도 선교

요즘의 제주도는 비행기로 한 시간도 채 걸리지 않는 곳이며 관광 명소지이다. 제주도는 우리나라지만 과거에 그곳에 가는 것은 매우 힘든 일이었다. 또한 제주도는 육지와 비교하면 문화와 가치관이 많이 다르기 때문에 지금도 우상숭배가 매우 심한 곳이다. 실살 제주도는 고유의 방언이 있기에 제대로 알아듣기 또한 쉽지 않다. 현재도 이러한 실정의 제주도라면 지금부터 100년 전에 제주도는 어떤 곳이었을까? 지금은 교통이 많이 편리해졌기에 제주도 가는 것이 일이 아니지만 100년 전에 제주도에 가는 것은 녹록한 일이 아니었다. 그러한 곳에 복음을 전해야 한다는 사명을 가지고 찾아간 사람이 이기풍 목사다. "사명이 생명보다 귀함"을 깨달은 이기풍은 목사가 된 것에 감격과 감사로 제주도에 복음을 전하기로 결심한다. 이기풍 목사님을 파송한 것은 한국장로교회가 처음으로 독노회를 구성하고 첫번째 사업으로 계획한 일이다. 한국장로교회는 1907년 9월 19일에 최초로 노회(치리회)를 구성함으로써 교회로서의 기능을 할 수 있게 되었다. 노회를 구성하면서 처음으로 목사임직을 한 이들(이기풍, 방기창, 한석진, 송린서, 길선주, 양전백, 서경조) 가운데 한 사람인 이기풍 목사를 제주도 선교를 위해서 파송하기로 결정하였다.

이기풍 그는 누구인가?

이기풍 목사님은 평양에서 1865년에 태어났다. 그의 청년 시절에 평양 지역에서 활동하던 마포삼열(S. A. Moffett) 선교사를 폭행하는 등 선교사들의 활동을 적극적으로 방해하며 난폭했던 이기풍이지만 그에게 끈질기게 전도하던 소안련(W. L. Swallen) 목사를 찾아가서 자신의 죄를 고백하고 예수님을 믿게 되었다.(1894) 1901년에 장로가 되었고, 1903년에 평양신학교에 입학해서 1907년에 졸업과 동시에 목사가 되었다. 그리고 첫 노회에서 제주도 복음화를 위한 선교사로 파송을 결의하게 되었다. 그렇게 해서 이기풍 목사님은 1908년 제주도에 복음을 전하기 위한 사명 하나만 가지고 들어가게 되었다.

그가 제주도에 가는 것은 쉬운 일이 아니었다. 인천에서 배로 목포에 도착했고, 목포에다 가족을 남긴 채 먼저 제주도로 향하던 이기풍 목사님은 풍랑을 만나 배가 난파하였고, 함께 승선했던 사람들은 모두 죽었지만 헤엄쳐서 가까운 섬 추자도에 겨우 도착해서 유일한 생존자가 되었다. 그를 제주도 선교를 위해서 쓰시고자 했던 하나님의 도우심이었을 것입니다. 하지만 구사일생 도착한 제주도는 그를 반기는 곳이 아니었다. 우선 언어부터가 불통할 만큼 달랐고, 문화와 의식이 많이 달랐다. 또한 천주교도들에 대한 박해가 있었던 터라 서양종교라고 생각하는 기독교의 복음을 전한다고 하니 매우 배타적이었다.

그러한 환경에서도 가절한 기도와 함께 사력을 다해 복음 전하는 일을 하여 13년 동안 제주도에서의 사역은 10개가 넘는 교회를 개척하여 설립하였다. 현재 제주도에서 가장 오랜 역사와 신앙적 전통을 가지고 있는 교회들이다. 뿐만 아니라 워낙 외지였기에 신교육을 생각할 수도 없던 곳이었기에 학교를 세워서 제주도민들의 의식을 개치는 일도 중요한 일이 아닐 수 없다.

하지만 그의 사역은 시대적으로 고난을 요구하는 것이었다. 제주도에서 전남 광주 시역으로 부임한 후 전남 지역에 많은 어려움을 겪는다. 일제가 조선을 완전한 식민지로 만들기 위해서 애쓰는 과정에서 가장 걸림돌이라고 생각했던 교회들이 끝내 말을 듣지 않았기에 강제로 신사참배를 요구하게 되었다. 이기풍 목사님은 신사참배 반대운동의 선봉에 섰고, 그것을 알아챈 일본군은 이 목사님을 구속하여 옥에 가두었다. 그럼에도 불구하고 목사님의 변함없음과 불굴의 신앙심은 일본군도 빼앗을 수 없었다. 이미 80세가 넘은 그가 옥중에서 지병을 얻게 되었고, 병이 악화되니 일본군은 병보석으로 출옥시켰다. 하지만 1942년 6월 20일 당시 여수군 남면 우학리의 우학리 교회 목사관에서 별세하기까지 그는 실로 한국교회 최초 선교사로 본이 되는 분이다.

따라 따라 예수 따라가네

벽안의 선교사가 만난 조선 사람 이야기

(애니 베어드 지음, 유정순 옮김)

윌리엄 베어드와 애니 베어드에 대하여

이 책은 100년 전 한국에 복음이 생소할 때의 생긴 일들을 찬송가 440장, '멀리 멀리 갔더니'의 작사 애니 베어드(Annie Laurie Adams Baird, 1864-1916)가 쓴 책이다.

그녀는 27살 젊은 나이에 한국에 들어와 52세로 세상을 떠날 때까지 남편 윌리엄 베어드(William Baird)와 함께 부산, 대구, 평양 선교를 개척했다. 애니 베어드는 한 여인이 이 땅 조선에 태어나 예수를 영접한 후 새로운 세계관을 가지고 살아가게 되는 일생을 탁월한 문학적 감각을 가지고 재구성하였다. 이 책의 주인공 보배의 모습은 특별한 한 여인을 소재로 삼았다기보다 당시 조선 여인들의 보편적인 일생을 형상화한 것이다. 우리는 이 책을 통해 복음이 들어오기 전 조선의 여인들이 어떤 삶을 살아야 했는지를 볼 수 있을 뿐만 아니라, '오직 그의 나라와 그의 의를 위하여' 은둔의 나라에 달려와 복음을 전하고 이 땅에 자신의 생명을 묻은 한 서양 여인의 조선에 대한 깊은 사랑과 헌신을 동시에 읽을 수 있다.[23]

선교사로 같은 꿈을 품은 베어드 선교사 부부는 언제 다시 핍박의 바람이 불어 닥칠지 아무도 예측할 수 없는 불안과 혼돈의 땅, 한국에서 선교를 시작하였다. 이들은 최초의 기독교 선교사로 조선 땅을 밟은 알렌 박사의 도움으로 부산에 정착하였으며, 선교란 먼저 가정

---

23) 박용규 교수(총신대 신학대학원, 한국교회사연구소 소장)의 추천의 글 인용, p.14.

에서부터 시작되어야 한다고 믿고 가정예배를 한국말로 시작하였다. 이렇게 해서 얻은 첫 수확은 그들의 허드렛일을 도와주던 소년과 빨래해 주던 아주머니였다. 베어드 선교사 부부는 또한 전도지를 한국말로 만들어 문서 전도에 사용하고 교육 사역을 확장하여 젊은이들에게 복음을 가르치는 발판을 만들어갔다. 이러한 이들의 특별한 헌신과 재능은 그들의 교육열과 구체적인 선교 기획 방침에서 인정받았다. 서울에 있는 학교가 날로 발전을 거듭하면서 중학교로 증설되어야 할 필요성이 대두되었다. 이를 위한 책임자로 베어드 선교사 부부가 임명되었고, 평양으로 이사하게 되었다. 그들이 품은 기독교 교육의 꿈을 마음껏 실현할 수 있는 첫 계기가 마련되었던 것이다. 이것이 바로 숭실대학교의 역사적인 첫 발걸음이었다. 이들의 복음의 물결은 거룩한 삶으로 변화되려는 갈망과 그리스도를 더욱 깊이 알고 싶어 하는 열정으로 뜨거워졌다. 국내외의 힘겨운 상황 속에서도 아무 흔들림 없이 베어드 선교사 가족은 숭실학당을 고수하였고, 1904년 5월 15일에 첫 졸업생 3명을 배출하는 감격을 누렸다. 애니 선교사는 신실한 신앙인으로서, 현명한 교사로서, 또 사랑 많은 어머니로서 자녀들을 양육하였고, 무엇보다 윌리엄 선교사의 아내로서 그의 동역자 역할을 신실하게 감당해 냈다. 그녀의 장례식은 한국 신자들의 마음에 놀라운 감동을 주었고, 믿음으로 말미암아 그리스도의 피로 하나가 된다는 기독교 교리를 깊이 체험하는 은혜의 시간이 되었다.

1. 팔려 가는 어린 신부

올해 열두 살이 된 보배는 항상 지저분한 모습이었다. 보배 어머니와 보배는 늘 집안 남자들의 옷을 세탁하고 다림질하는 일에 모든 정성을 다 바쳤기 때문에 자신들의 몸을 돌볼 틈이 없었다. 그런데 보배의 아버지가 당장 돈이 급해서 보배의 몸값을 이미 받아 원하지도 않는 결혼을 하게 된다. 아이들의 천진난만한 노랫소리와 높이 뜬 달 사이의 적막한 공간은 죄와 고통, 슬픔과 악한 것들로만 가득한 것처럼 보일 정도로 보배는 그런 현실을 외면하고 싶었다. 하지만 피해갈 수 없는 운명이라면 아예 단념하고 감수해야 한다는 것을 깨닫는데 오래 걸리지 않는다. 어머니, 증조, 고조할머니 때부터 내려온 이 풍습, 슬픔과 고통을 겪으며 인내해야 하는 여자의 길을 보배도 조용히 받아들일 수밖에 없었다. 보배의 결혼 생활은 그렇게 시작되었다. 따뜻한 자비심이라곤 찾아볼 수 없는 험난한 세상의 바다에 가냘픈 나무껍질 하난가 정처 없이 떠내려간다.

2. 여자라는 이름의 굴레

하루가 가고 달이 가고 해가 바뀌어 몇 해가 흘렀다. 바쁘게 지내는 것이 여자의 행복이라면 보배는 아무런 부족함도 느끼지 못했을 것이다. 이른 새벽부터 늦은 밤까지 보배는 한순간도 쉴 틈이 없었다. 시부모는 악독한 사람들은 아니었으나 냉정하고 무관심했다. 보배는 남편에 대해 조금의 애정도 없었고, 그도 아내에게 눈길조차 주지 않았다. 사실 보배는 남편의 이름조차 알지 못했다. 열여덟 살이 되었을 때 보배는 첫아이를 낳았다. 식구들은 아들을 간절히 바랐지만 딸 아이였다. 어느 누구도 반기지 않는 조그만 생명이었지만 그 아이를 통해 보배는 처음으로 삶에 대한 뜨거운 애착을 느꼈다. 아이가 여섯 달쯤 되었을 무렵, 남편은 갑자기 뒤로 넘어져 한두 번 헐떡거리다 숨을 거두고 말았다. 그것은 보배에게 재앙이었다. 보배와 어린 딸이 기거할 방조차도 없어질 판이었다. 그즈음 동네에 아이가 있는 집마다 죽음의 고요만을 남기고 가는 무서운 천연두가 찾아왔다. 아이는 영락없이 고열과 아픔으로 신음 소리를 내기 시작했다. 무당 심 씨 집을 찾아 나섰지만 나아지지 않았다. 엎친데 겹친 격으로 시부모는 갑자기 집안일을 해 줄 여자를 찾는 동네 패거리들에게 보배와 아이를 팔아 넘겨 끌려가게 되었다. 그 남자 집에서 몇 시간 동안 일에 쫓겨 정신없이 움직이다가 문득 등에 업은 아이가 점점 무거워지고 차가워지는 것을 느꼈다. 아기의 가슴이 더 이상 뛰지 않았다.

3. 어둠의 영, 그 세계 속으로

아기가 죽은 후 보배는 그 어느 때보다 고통스런 날들을 보냈다. 보배는 자신에게 왜 이런 가혹한 일들이 끝없이 일어나는 것인지 누구라도 붙잡고 묻고 싶었다. 보배가 더 이상 견딜 수 없다는 생각을 하게 된 것은 그와 함께 산 지 일 년 가까운 시간이 흐른 때였다. 보배는 늦은 밤중에 심 씨를 다시 한번 찾아갔다. 그러나 심 씨가 알려준 저주는 남편이 아닌 노부부에게 갔다. 노부부는 무당을 불러 달라는 청을 하여 심 씨 무당과 장님 고판수를 데려와 굿을 하였지만 노부부는 끝내 죽고 말았다. 그러나 남편 방만식은 전혀 슬퍼하지 않다. 오히려 거추장스러운 물건이라도 없어진 듯 시원하기조차 했다. 그러나 남의 눈이 있어 체면은 지켜야 했다.

4. 고판수의 수난

고판수는 노부부의 묘 자리를 정해주고 한 밑천 잡고 보니 다른 소원을 성취하고 싶은 생각이 들었다. 아들을 낳는 것이다. 첫순이, 또딸이, 섭섭이 세 딸의 이름만 보아도 아들을 얼마나 원하는지 알

수 있었다. 고판수의 아내 거시기는 백일 동안 산에 올라 큰절과 기도를 하였다. 고판수는 점점 의기양양해졌다. 아들을 얻기 위한 백일 정성도 착착 진행 중이었고, 노련한 무당 심 씨를 멋지게 한판 이겼다는 기쁨으로 한껏 기분이 들뜬 그는 이제 더 큰 힘을 가져야겠다는 욕심이 생겼다. 그래서 입산하기로 마음을 먹었다. 그는 산 속 동굴에서 아무것도 먹지 않은 채 이레 동안 밤낮으로 눕지도 자지도 않고 염주에 대고 계속 염불을 외웠다. 그가 바라는 것은 사탄의 힘이요, 사탄의 왕림이었다. 고판수는 새로 얻은 마력을 시험해 볼 마음의 준비가 되어 마을 한복판에서 판을 벌였다. 그러나 먼발치서 보고 있던 심 씨가 찬물을 끼얹는다. 삽시간에 난장판이 된다. 경쟁자의 실패를 보며 심 씨는 통쾌해 한다.

5. 복음에 눈을 뜨다

무당 심 씨는 풍년이 들어 잔치를 마치고 따분하기 짝이 없는 집으로 돌아가기 전에 몇몇 아낙들과 처녀들을 데리고 선교사가 사는 동네로 구경이라도 하며 즐길 작정으로 찾아간다. 선교사 부인은 미소 띤 얼굴로 그들을 집 안으로 안내했다. 한참 떠들썩하던 분위기가 조용해지자 선교사 부인은 조심스레 입을 연다. 하나님에 대해서 전하는데 그러나 쉽지 않다. 이런 상황을 여러 번 경험했던 선교사 부인은 복음에 대한 이야기를 내려놓는다. 심 씨는 집으로 곧장 돌아가지 않고 선교사의 집 뒤편으로 가 영규를 만난다. 그리고 선교사 부부가 가르치는 교리가 예수이며, 예수가 구원하여 그것을 믿으면 마음이 기쁘고 평안하다는 얘기를 듣는다.

6. 한 알의 밀알이 썩기까지

심 씨는 선교사 집에서 돌아오자 동네 아낙들에게 선교사 집에서 보고 들은 이야기를 늘어놓았다. 그중에 보배도 있었다. 그러나 보배는 별로 귀담아 듣지 않았다. 보배의 생각은 언제나 도망갈 생각으로만 가득했다. 심 씨는 서양 사람들이 새 교리에서 마음의 평안을 얻는 것 같다는 소리를 하였다. 그런데 보배는 이 말에 귀가 솔깃해졌다. 평안을 약속해 주는 것이 있다면 무엇이든지 알고 싶은 생각이 굴뚝같았다. 설레는 마음에 곰곰이 생각했다. 그러고 나서 그날 밤 보배는 예수쟁이들이 모이는 교회당이 어디 있는지 알지 못했지만, 한두 번 물어 쉽게 찾을 수 있었다. 예수님의 사랑에 대한 찬송가를 부르고, 선교사가 전하는 이야기를 들었다. 보배는 이제 혼자가 아님을 느꼈다. 보배의 손을 잡고 가여운 보배의 머리를 자신의 품으로 부드럽게 안아주시는 은혜롭고 따뜻한 분이 함께해 주었다. 보배는 확실히 이해할 수 없었지만 말로 표현하기 어려운 다정함을 온몸으로 느꼈다. 부드러운 사랑의 손길과 빛이 보배를 감싸주었다. 보배의 마음에 알 수 없는 희망과 용기가 솟구쳐 올랐다. 예배당에서 들었던 노래의 후렴이 귀에 계속 울렸다. "날 사랑하심, 날 사랑하심." 평화와 기쁨의 눈물이 흘러 누워 있던 이불을 적셨다. 드디어 보배는 참된 친구를 찾았던 것이다. 보배는 몇 주일째 읍내에 있는 예배당에 다녔다. 성경과 찬송가도 갖게 되었다. 그러나 만식은 보배를 이해하지 못하고 윽박지르고 사정없이 매로 후려쳤다. 하지만 보배는 오히려 예수님의 고난을 함께 나눈다는 마음으로 감사했다. 자신을 위해 그토록 무서운 고난을 감당하신 주님을 위해 작은 고통을 당한다고 생각하니 참으로 행복했다. 오히려 그토록 자신에게 모질게 구는 남편을 위해 기도할 수 있는 것이 기뻤다. 만식은 보배를 계속 지켜보면서 이상한 생각이 들었다. 그는 불안해졌다. 아무 불평 없이 자기의 시중을 들어주는 이 자그마한 여자가 자기에게는 없는 그 무엇을 가지고 있다는 것을 알게 되었다. 평온한 마음과 생기 있는 눈동자. 아무리 애를 써도 보배의 그것을 없앨 수 없었다. 만식은 곰곰이 생각했다. 이 새 교리가 보배에게 정말로 도움이 된다면 이 승을 위해서든 저승을 위해서든 별로 반대할 필요가 없겠다고 마음 먹었다. 만식은 선교사를 찾아갔다. 선교사는 사도 바울의 말을 인용하여 짧지만 신중하게 복음의 진리를 말했다. 보배는 매일 만식을 위해 기도하며 그를 기도했다. 보배는 눈물을 흘리며 간구하였다. 그러다 어깨 위로 부드러운 손길을 느꼈다. 평생 한번도 느껴보지 못한 따스한 손길. 용서를 바라는 듯한 그 손길은 떨고 있었다. 만식은 구세주를 만났다고 했다. 한순간에 기적이 일어난 것이다. 사랑받지 못하고 사랑하지 못했던 보배의 삶에 깊게 응어리진 모든 상처들이 한순간 녹아 사라져버렸다. 황폐한 땅과 같던 보배의 가슴에서 향기로운 꽃이 피어나기 시작했다. 그것은 바로 사랑을 받고 사랑을 주는 힘이었다. 그들은 어떤 생명도 자랄 수 없는 거친 광야 같던 삶에서 벗어나 행복의 보금자리를 함께 지어가기 시작했다.

7. 죄악의 사슬을 끊고

이제 보배는 마음대로 찬송을 불렀다. 하나님은 꺼져가는 등불에 힘을 불어넣으셔서 더욱 세차게 타올라 완전한 생명으로 살아나게 하셨다. 얼마 지나지 않아 매일 저녁마다 만식의 집에서 새 교리를 배우는 모임이 시작되었다. 매일 저녁마다 사람들이 늘었다. 보배는 동네 사람들이 복음을 받아들이는 것이 말할 수 없이 기뻤다. 그러나 마을 사람들 중에 여전히 복음을 배척하는 이들이 있었는데 바로

250

고판수와 심 씨였다. 고판수는 고통 속에 있었다. 예수 교리는 나중에라도 들을 수 있었지만, 눈앞에서 볶아대는 빚쟁이들을 피할 도리는 없었다. 빚쟁이들의 독촉을 어떻게 감당할지 아무 생각도 나지 않았다. 그가 마을 어귀에 도착했을 때 만식의 집에서 예배를 드리는 모습을 엿보게 되었다. 그들의 얼굴에는 고판수 자신에게서는 찾아볼 수 없는 평화로움과 기쁨이 넘치고 있었다. 자신을 제외한 모든 사람들이 평화와 위로와 고요한 확신을 찾았다고 생각하니 갑자기 절망감과 무서운 공포감이 엄습했다. 그래서 죽기로 결심하였을 때, 아내인 거시기가 기도를 드리는 것을 보게 되었다. 고판수는 너무나 놀라 잠시 얼어붙은 듯 서 있다가 아내에게로 달려갔다. 고판수도 예수 믿고 싶다고. 그 후 며칠 동안 고판수의 생애에 결코 잊지 못할 정신적인 변화가 일어났다. 고판수의 영적인 눈이 서서히 새 빛을 보기 시작한 것이다. 이제 그는 사람들이 예전에 알고 있던 사탄을 숭배하는 장님이 아니었다. 모든 기만과 거짓의 허울을 벗어버린 겸손한 하나님의 어린아이였다.

8. 귀신을 내쫓는 무당

그 후 심 씨는 장님 행세하던 고판수가 눈을 뜨고 있는 모습을 보았다. 심 씨는 거드름을 피우며 말을 걸었다. 하지만 고판수는 자신감 넘치는 목소리로 심 씨에게 예수 교리를 전해 주었다. 심 씨는 놀란 표정으로 열을 올리면 입에 거품을 물었다. 심 씨는 고판수에게 욕을 해댔으나 고판수는 용감하게 자신의 믿음을 지켰다. 심 씨는 모든 일이 분하고 신경에 거슬렸다. 그래서 심 씨는 다시 자신의 힘을 보여주리라 무당의 옷을 다 갖춰 입고 예수 교리를 제압하러 나섰다. 고판수는 속으로 계속 하나님께 힘을 달라고 간구하며 벌떡

일어나 심 씨를 위해 큰 소리로 기도하기 시작했다. 조금도 주저하지 않고 심 씨의 죄상을 낱낱이 하나님께 알렸다. 바로 그 순간이었다. 심 씨는 하나님을 느꼈다. 모든 것을 다 보고 계시는 순결하고 의로운 하나님의 눈으로 보게 되었다. 고판수가 기도하는 동안 다른 사람들도 엎드려 함께 기도했다. 애끓는 중보의 신음 소리와 탄식이 방 안을 가득 메웠다. 심 씨는 "내 딸아 울지 마라. 이제 남은 생애는 나를 위해 사랑의 헌신을 하게 될 것이다."라는 하나님의 음성을 듣고 이때부터 마치 사도 바울처럼 한때 파괴하는 데 열을 올렸던 믿음을 앞장서서 설파하는 신앙의 수호자가 되었다. 심 씨는 날마다 기도하며 하나님과 친밀한 교제를 가졌다. 때로는 저녁에 혼자 앉아 찬송가를 처음부터 끝까지 부르기도 하고, 성경을 읽고 기도하며 온 밤을 지새울 때도 있었다. 그러는 가운데 심 씨는 하나님의 은혜로 우신 임재를 다시 한번 깨닫게 되었다. 그리고 심 씨가 무당이었던 때 잘 알았던 귀신도 말씀과 믿음, 찬송으로 쫓을 수 있었다.

9. 그리스도의 세상

복음이 마을 사람들에게 퍼져가면서 하나님 나라의 좋은 씨앗들이 깊이 뿌리를 내려 그들의 가슴에 싹트기 시작했다. 모임에 참석하는 사람들의 수는 계속해서 늘어났고, 몇 달 되지 않아 발 디딜 틈이 없게 되었다. 그들은 예배를 드릴 넓은 장소가 필요하다고 절실히 느꼈다. 만식의 주선으로 전체 모임을 갖게 되었고, 예배당 건물이 필요하다는 것에 만장일치를 보았다. 모임의 목적이 무엇인지를 알고 있던 그들은 예배당을 세우기 위해서 어떤 희생이라도 감수하겠다고 단단히 각오를 하고 있었다. 그래서 각자 여러 가지를 내놓고 봉사를 하여 예배당이 드디어 세워졌다. 교인들은 그들의 수고의 열

매를 마음껏 즐겼다. 선교사님이 방문하여 교인들의 사정에 따라 조
언도 하고 책망이나 훈계도 하여 신실하게 신앙을 지켜가도록 도울
것이다. 세례 문답이 이어지고, 모든 사람들이 하나님의 구원의 능력
에 대한 감격스러운 간증으로 자신들의 마음을 쏟아냈다. 하늘 높이
달빛이 흐르고 안식일의 평화와 고요함이 온 세상을 가득 덮었다.

지금은 평양에 부흥의 물결이 일었던 1907년으로부터 딱 100년이
되는 해이다. 그 당시에 우리나라는 평양뿐 아니라 전국에 그리스도
를 알고자 하는 물결이 가득했을 것이다. 그때를 알 수는 없지만 영
상으로 보고, 배우고, 듣고 했던 것을 상상하며 이 책을 읽었다. 외
국인이 너무나 한국의 모습을 생생하게 묘사해 놓은 것에 놀라면서.
미신과 우상숭배가 만연하고, 죄악과 학대가 가득한 세상이었다.
그것이 당연한 것으로 생각되었고, 오히려 그렇게 하지 않는 것이
이상하게 여겨지고 있는 세상이었다. 그런 상황 속에서 복음이 이
땅 가운데 들어왔다. 예수 교리는 그런 것들을 금하라고 가르쳤다.
사람들은 그딴 교리가 어디 있냐고 비웃었다. 하지만 사람들은 예수
를 믿는다고 고백하고, 자신들에게 예수 교리를 가르치는 선교사들
의 모습 속에서 참된 평화와 안식을 느꼈다. 그들의 얼굴에는 자신
들이 느낄 수 없었던 기쁨이 있었다.

『따라 따라 예수 따라 가네』 이 책은 모든 기독교 교육을 공부하
며 또 복음을 전하는 자들이 읽고 묵상하며 깊이 되새겨야 하는 필
독서이기에 이 책을 강권하고 싶다. 학교에서 강의하는 나에게 『따
라 따라 예수 따라 가네』는 예수님을 진심으로 따라가는 좋은 모본
이 되었다.

· 저자 ·

한승돈   · 약 력 ·
안양대학교 신학과(B.A)
Ashland Theological Seminary(M.Div)
The Southern Baptist Theological Seminary(M.A.E)
Spalding University(E.D.D)
현 안양대학교 기독교교육학과 외래교수
현 대신총회신학원 교육학 교수 및 교목

· 주요논저 ·
『건강한 주일학교를 위한 영적 리더십』
외 다수

· 연락처 ·
Email: hanfamily@hanmail.net
HP: 010-4806-3650

크리스천 세계관 : 청소년 교육을 위하여

· 초판 인쇄	2008년 1월 30일
· 초판 발행	2008년 1월 30일
· 지 은 이	한승돈
· 펴 낸 이	채종준
· 펴 낸 곳	한국학술정보㈜
	경기도 파주시 교하읍 문발리 513-5
	파주출판문화정보산업단지
	전화 031) 908-3181(대표) · 팩스 031) 908-3189
	홈페이지 http://www.kstudy.com
	e-mail(출판사업부) publish@kstudy.com
· 등 록	제일산-115호(2000. 6. 19)
· 가 격	26,000원

ISBN   978-89-534-8033-9 93230 (Paper Book)
         978-89-534-8034-6 98230 (e-Book)